本书系山东省本科高校教学改革研究面上项目《高等学校产学研协同育人机制研究与实践——以鲁东大学盈科法学院为例》（编号：M2022091）阶段性研究成果。

政产学研用协同育人机制研究与实践

——以地方高校法学本科"植入式"机制为研究对象

李艳霞 著

中国政法大学出版社

2024·北京

声　　明　1. 版权所有，侵权必究。
　　　　　2. 如有缺页、倒装问题，由出版社负责退换。

图书在版编目（CIP）数据

政产学研用协同育人机制研究与实践：以地方高校法学本科"植入式"机制为研究对象 / 李艳霞著. -- 北京：中国政法大学出版社，2024.9. -- ISBN 978-7-5764-1775-3

Ⅰ. D90-42

中国国家版本馆 CIP 数据核字第 2024QN1603 号

出　版　者	中国政法大学出版社
地　　　址	北京市海淀区西土城路 25 号
邮寄地址	北京 100088 信箱 8034 分箱　邮编 100088
网　　　址	http://www.cuplpress.com（网络实名：中国政法大学出版社）
电　　　话	010-58908586（编辑部）58908334（邮购部）
编辑邮箱	zhengfadch@126.com
承　　　印	固安华明印业有限公司
开　　　本	880mm×1230mm　1/32
印　　　张	7.875
字　　　数	220 千字
版　　　次	2024 年 9 月第 1 版
印　　　次	2024 年 9 月第 1 次印刷
定　　　价	49.00 元

前 言

中国特色社会主义新时代给法学教育提出了挑战。以人民为中心的根本发展理念、中国法治建设的新目标、我国海外利益保护都对法学教育提出了新要求,大数据时代对法学教育提出了新考验。但是地方高校法学本科专业人才培养的实践教学师资缺乏、实践教学环节和实践教学方法不足等困境仍很突出,法学理论与实践严重脱节。应用型、复合型、创新型法律人才培养是法学教育的改革方向,实践应用能力培养是卓越法治人才培养的基本要求。新时代法学专业构建"政产学研用协同育人机制"是应对"新文科""新法学"建设的迫切要求,是构造法学职业教育精神的需要,是提高学生实践能力的有益尝试。在加强新时代法学教育要求的引导下,借鉴域外法学专业教育的经验,法学专业协同育人机制进行了探索,信息时代为法学教育创新提供了助力,法学专业构建"政产学研用协同育人机制"具有现实可行性。

本书以这一全新的合作模式及实践运行为研究对象,以坚持党的领导为前提,探索一条文科产教融合、可供复制的新思路——"植入式"法学政产学研用协同育人机制。这一机制是在鲁东大学与盈科律师事务所于2020年12月已经签署的共建盈科法学院合作协议的基础上，在 2021 年 3 月已经成立的鲁东大学盈科法学院理事会和专家指导委员会的领导下，逐步健全盈科法学院的领导机制、组织机构的运行机制，以实现产学研、专业教育与职业教育的有效结合。以地方高校法学院与全球顶级律师事务所"资源整合，协同育人，机制再造"的法学政产学研用协同育人机制，坚持思政引领、以社会需求为导向、注重人才引进绩效、鼓励开拓创新的原则，突出产教结合、优势互补与全面合作，通过探索和研究合作办学体制架构、机制安排、制度设置及实践运作，实现传统法学院人才培养模式的突破，探索形成一种"植入式"法学政产学研用协同育人的新机制。通过研究这一机制的理论特质与运行机理，检视鲁东大学与盈科律师事务所合作开创的合作办学模式已经取得的丰硕成果，进一步剖析鲁东大学盈科法学院新型育人模式的实际效果。以如何实现产教融合为核心目标，以法学院与实务部门为双轴，详细考察上述实践在提高法治人才培养质量，提升法学研究水平，解决法治实践问题，实现产学研有效转化方面取得的良好效果。

目 录

前　言 ·· 001

绪　论 ·· 001
　一、研究背景和研究意义 ······························ 001
　二、文献综述 ·· 006
　三、研究思路、研究方法 ······························ 008

第一章　新时代法学教育面临的挑战 ···················· 011
　一、以人民为中心的根本发展理念对法学教育提出了
　　　更高要求 ······································ 012
　二、中国法治建设的新目标对法学教育提出了新要求 ····· 016
　三、我国海外利益保护对法学教育提出了新课题 ········· 020
　四、大数据时代对法学教育提出了新考验 ··············· 025

第二章　地方高校法学本科专业人才培养的不足 ·········· 031
　一、实践教学师资团队能力有限 ······················ 032
　二、实践教学课程体系建设滞后 ······················ 035
　三、实践教学资源短缺 ······························ 038

四、实践教学方法难以适应需要 …………………………… 040

五、实践教学过程形式化 ………………………………… 043

六、实践教学评价落后 …………………………………… 046

第三章 法学专业构建"政产学研用协同育人机制"的必要性 ………………………………………………… 050

一、应用型法律人才培养是法学教育的改革方向 ………… 052

二、实践应用能力培养是卓越法治人才培养的基本要求…… 055

三、构建协同育人机制是应对"新文科""新法学"建设的迫切要求 ……………………………………………… 064

四、构建协同育人机制是构造法学职业教育精神的需要…… 068

五、构建协同育人机制是提高学生实践能力的有益尝试…… 070

第四章 法学专业构建"政产学研用协同育人机制"的可行性 ………………………………………………… 074

一、加强新时代法学教育要求的引导 …………………… 075

二、域外法学专业教育的经验及启示 …………………… 078

三、信息时代为法学教育创新提供助力 ………………… 087

四、法学专业协同育人机制的探索 ……………………… 090

第五章 "植入式"法学政产学研用协同育人机制价值理念之设定 ………………………………… 105

一、明确思政引领 ………………………………………… 106

二、树立法律实践需求导向 ……………………………… 113

三、注重人才引进绩效 …………………………………… 120

四、鼓励开拓创新 ………………………………………… 123

目 录

第六章 "植入式"法学政产学研用协同育人机制之特色 …… 131
- 一、产教结合 …… 131
- 二、需求导向 …… 134
- 三、优势互补 …… 136
- 四、全面合作 …… 138

第七章 "植入式"法学政产学研用协同育人机制运行之制度架构 …… 142
- 一、领导机制 …… 142
- 二、组织机构 …… 144
- 三、人才管理 …… 145
- 四、财务管理 …… 150

第八章 "植入式"法学政产学研用协同育人机制之具体举措——以盈科法学院为例 …… 153
- 一、培养法治人才 …… 153
- 二、拓展法学学术研究 …… 204
- 三、服务法治实践 …… 219

第九章 鲁东大学盈科法学院"植入式"法学政产学研用协同育人机制之实践成果 …… 224

参考文献 …… 237

绪 论

一、研究背景和研究意义

(一) 研究背景

随着社会的不断发展，越来越多的职业逐步迈向专业化，极大推动了相关专业人才培养的变化，法学专业作为实践性很强的学科首当其冲，应用型、复合型、创新型的法治人才培养要求提上日程。2023年6月，中共山东省委全面依法治省委员会出台了持续优化法治化营商环境的二十二条措施，为新时代中国社会主义现代化强省建设提供有力的法治保障。这些为加快法学"政产学研用协同育人机制"和人才培养的步伐提供了重要的时代契机。

党的二十大报告把基本建成法治国家、法治政府、法治社会确立为到2035年基本实现社会主义现代化的总体目标之一。2023年2月，中共中央办公厅、国务院办公厅印发了《关于加强新时代法学教育和法学理论研究的意见》，为创新推进法学教育和法学理论研究工作提供了根本遵循，并强调指出，要"提高法治人才培养质量""提升法学研究能力和水平""做好法律职业和法学教育之间的有机衔接""深化协同育人""推动法学院校与法治工作部门在人才培养方案制定、课程建设、教材建设、学生实习实训等环节深度衔接"。习近平法治思想明确提出

"坚持建设德才兼备的高素质法治工作队伍",强调创新法治人才培养机制,推进法治专门队伍革命化、正规化、专业化、职业化。这些为法学教育改革提出了明确要求。从2018年始,国家层面开始部署全面深化高等教育改革,提出大力推行"新文科"建设。2020年,教育部在新文科建设工作会议中发布了《新文科建设宣言》,提出尊重规律、立足国情、守正创新、分类推进的"四个坚持",进一步为法学专业人才的培养指明了方向。

山东是教育大省,拥有高等学校155所,在校生近200万人,居于全国首位,但大而不强、"山多峰少"的问题较为突出,"双一流"大学数量落后于江苏、湖北、四川等省份,和经济大省的地位不匹配。烟台市法学会的调研显示,山东省各高校的法学人才培养存在着片面强调理论传授、学生实践能力不足、培养模式封闭、机制僵化单一等问题,即便有实践教学,也仅是"公办民助"模式,实务部门仅提供资金支持,合作效果不深入、不显著。总之,传统法学人才培养模式侧重知识传授,理论教学与实践教学的衔接和配合不足。实践教学长期处于辅助地位,教学过程管理、质量评价、团队建设等均有待建立、健全。高校院所法学教师对司法实践变化和发展趋势掌握有限,难以应对法律实务,致使人才培养与社会需求相脱节。这一问题在我国其他省份高校法学人才培养过程中亦存在。部分高校法学专业已经意识到这一问题,采取了一些措施,如"双师同堂"、实务类讲座、专业实习等,但收效不佳,实践教学方式的展开零散化。[1]甚至在中国计量大学早期的知识产权

---

[1] 黄汇、石超然:《知识产权复合型人才培养实践教学创新研究——以西南政法大学为例》,载《工业和信息化教育》2018年第2期,第64页。

绪 论

法学人才培养模式中出现了理论授课与实践环节课程协调不足，致使相关知识内容重复，难以促进实践教学的提升，反而挤占了有限的学分资源，对学生实务能力的培养更难以真正落到实处。[1]

法学专业人才实践能力培养的差强人意主要源于缺乏实务师资、实训手段非专业及实践平台单一化等因素。其一，高校绝大多数法学教师缺乏一线的司法实践工作经验，即使部分教师从事兼职律师工作，但业务内容相对单一。为了打破这一困境，很多高校法学专业聘请司法实务人员兼职教师，但是一般仅通过作讲座的方式，难以达到系统传授的目的。其二，各种实践教学环节零散，未成体系化、系统化。不少院校法学专业学生实习、实训仅是做打扫、订卷、送达等零散工作，实践与课堂知识衔接很有限。其三，很多高校法学专业未具有构建多元化法学实践平台的思路，局限于法院、律师事务所等传统实习单位和科室，未能形成有力的产教融合体系，致使学生在学校学到的课内知识难以在实践中获得有效延伸，不利于创新创业资源的挖掘，导致用人单位对高校法学专业人才特色和定位缺乏了解途径，进而影响学生的就业。[2]如何整合高校与社会资源，建构适应时代需要的法学专业新型培育平台，培养德才兼备、具有较高综合素质的应用型、复合型、创新型高阶法治人才，已成为法学教育不容回避的重大课题。

---

[1] 陈永强、朱一飞、吕璐:《新文科背景下高校知识产权人才培养模式的实践与创新——以中国计量大学为例》，载《南宁师范大学学报（哲学社会科学版）》2022年第1期，第54页。

[2] 陈永强、朱一飞、吕璐:《新文科背景下高校知识产权人才培养模式的实践与创新——以中国计量大学为例》，载《南宁师范大学学报（哲学社会科学版）》2022年第1期，第56页。

(二) 研究意义

本书以坚持党的领导为前提，是创新法学人才培养和产教融合的有益探索。通过探索、研究行业龙头单位丰富的教育资源和先进的育人理念植入高校法学院的体制架构、机制安排、制度设置以及实践运作，挖掘其对传统法学院人才培养模式的突破，探索形成一种政产学研用协同育人新机制，是创新法学人才培养和科教融合的有益探索，以实现对传统法学院进行涅槃重生的改造，进而形成一种可复制、可推广的法治人才培养新模式，实现法学学科建设和法治人才培养的国际化、信息化、专业化。省属高校法学院与全球化律师事务所融合研究、探索的"植入式"法学协同育人办学模式是校企合作办学的典范，也是高阶法治人才协同培养的有益尝试。这一办学模式强化了党的领导、法学学科建设和法治人才培养的专业化，提供了一条文科政产学研用相融合、可供复制的新思路，积极落实了2023年初中共中央办公厅提出的"加强新时代法学教育"的要求，实现了"优而强"的学科建设目标，对于推动优势学科发展，创新政产学研用融合具有重要的意义。

本书亦具有一定的应用价值。当前我国高校的法学人才培养多数存在着片面强调理论传授、学生实践能力不足、培养模式封闭、机制僵化单一等问题，即使有实践教学，法学院所与实务部门合作效果亦不深入。如何整合高校与社会资源，建构适应时代需要的新型培育平台，培养德才兼备、具有较高综合素质的应用型、复合型、创新型的法律人才，已成为法学教育不容回避的重大课题。本研究即着眼于此。"植入式"法学政产学研用协同育人机制研究力图解决法学人才培养实践性不足的问题，更致力于从体制上突破旧有的产教合作模式，从根源上解决理论与实践脱节的问题。这一办学模式旨在最终实现对传统法学院涅槃重生之改造，为山东省充分发挥法学学科优势，建设高水平学科和高水平大学，推动法学教育与法治实践紧密结合，形成政产学研用的充分融合，政产学研用一体化创新机制提供借鉴，其受益主体包括所有法学院系和相关法学教师、法学专业学生。这一机制在高等院校的法律院系进行推广，对于改革传统的法治人才培养理念，实现产学研、专业教育与职业教育的有效结合，探索以社会需求为导向，注重培养法科学生的开拓创新精神，培育具有法律伦理、法律思维、法律方法的卓越法治人才，符合法学院校和律师事务所的双重考核标准的全新的复合型、应用型、创新型高阶法治人才培养模式，最终建立适应时代发展与社会需求的法治人才培养模式，具有较强的应用价值，具体而言，包括以下方面：

第一，探索建立一种地方高校法学院与全球化律师事务所合作办学、协同培养法治人才的新模式，并从价值理念、制度构造、具体推进措施等维度阐释"植入式"法学政产学研用协同育人机制的实践样态进而凝练理论。本书力图解决当前法学人才培养存在的弊端，即片面强调理论传授、学生实践能力不足、培养模式封闭、机制僵化单一等问题，开拓一种崭新的法学人才培养路径。

第二，"植入式"法学政产学研用协同育人机制开创了合作办学、协同培育法治人才的新思路，强化了党的领导和法学学科建设以及法治人才培养的国际化视角和信息化素养的有机融合，提供了一条文科政产学研用相融合、可供复制的新思路，实现了"优而强"的学科建设目标。

第三，"植入式"法学政产学研用协同育人机制的研究团队奉行理论与实践同步的原则，理论研究的同时展开实践探索，以理论引导实践，以来自实践的反馈完善理论探索。本研究是在鲁东大学与盈科律师事务所于2020年12月已经签署的共建盈科法学院合作协议的基础上，探寻一种政产学研用结合、需求导向、优势互补的法学人才培养的崭新道路。

二、文献综述

如何化解这一法学人才培养的困境，很多教育工作人员做了反思。通过检索"中国博士学位论文全文数据库""中国优秀硕士学位论文全文数据库"以及相关文献，研究高等教育实践教学和探索法学实践教学、法学人才培养模式，可以发现，许多学者已经发表了一些有价值的成果。主要集中在以下方面：其一，反思当前我国法学教学的弊端。清华大学王晨光和陈建民在《法学》2001年第7期发表的《实践性法律教学与法学教育改革》指出了现行法学教育的弊端，提出实践性法律教育的模式中"诊所式法律教育"和"模拟法庭训练"是可以努力借鉴的模式。其二，开拓新的法学人才培养模式。这是当前研究的主流。如中南大学唐东楚在《现代大学教育》2007年第2期发表的《法律实践性教学的"刚柔差别机制"研究》提出法律实践性教学必须建立一种"刚柔差别机制"，完善必修科目的刚性实践教学机制的同时，开拓建立柔性实践教学机制。大连理工大学李志义在《中国高等教育》2006年第17期发表的《突出个性化培养 推行启发式和主动性实践教学》提出培养创新人才需要加强实践，要从内容、空间和条件等方面为学生创造一个能够主动实践的环境和氛围。北京交通大学王永生等在《中国高等教育》2006年第22期发表的《建设有利于创新人才培养的实践教学体系》提出要围绕培养目标、建设内涵、机制保证三要素系统设计实践教学体系。数字时代下，有部分老师着力研究数字法学的人才培养模式和教学模式。其三，关于探索实

绪 论

践教学的各个模块，许多学者也有著述，如周世中、倪业群等著的 2004 年出版的《法学教育与法科学生实践能力的培养》，针对法学专业学生实践能力培养这一热点问题，从理论分析入手，结合课堂教学、模拟法庭教学、第二课堂活动等典型事例进行探讨，根据调研报告，提出了开展法学实践教学的整体思路。例如，甄贞主编的 2002 年出版的《诊所法律教育在中国》，中山大学蔡彦敏等在《学术研究》2002 年第 10 期发表的《法学教育模式改革探索——来自中山大学法律诊所的经验》、中南财经政法大学徐立在《湖北社会科学》2007 年第 2 期发表的《试论法学教育目的与诊所式法律教育培养目标的一致性》等。

以上学术成果从不同的角度对法学实践教学的概念、类型和重要性进行了探讨，为法学实践教学的顺利开展提供了有益的理论指导。然而，由于法学实践教学涉及面广，内容庞杂，就实践教学的整体管理而言，上述针对法学实践教学的某一方面的研究，没有形成完整的课程和学分体系，未涉及在本学科如何分阶段实施，使实践教学的整体运行变数较大。因此，当前缺乏指导本科法学实践教学的比较系统性和可操作性的研究。

本书探索的"植入式"法学政产学研用协同育人机制力图探寻一种产教结合、需求导向、优势互补的法学人才培养的崭新道路。一改传统"律所出钱不参与、学院封闭运行老套路"的僵化浅层次合作模式，形成了以产教结合、需求导向、优势互补、全面、广泛的崭新道路，旨在探寻一种地方高校法学院与顶级律师事务所合作办学的崭新路径、机制和方法。这是我国高校与全球化律师事务所为实现专业教育与职业教育融合的首次合作，也是创新法学人才培养和科教融合的有益探索。这一合作能够实现法学学科建设和法治人才培养的专业化、信息化和国际化，最终为山东省充分发挥法学学科优势，建设高水平学科和高水平大学，推动法学教育与法治实践紧密结合，形成产教融合，政产学研用一体化创新机制提供借鉴。

三、研究思路、研究方法

（一）研究思路

"政产学研用协同育人机制"是在鲁东大学与盈科律师事务所已经签署的共建盈科法学院合作协议的基础上，在已成立的鲁东大学盈科法学院理事会和专家指导委员会的领导下，逐步健全盈科法学院的领导机制、组织机构的运行机制，加强人才管理和财务管理，实现产学研、专业教育与职业教育的有效结合，探索以社会需求为导向，注重培养法科学生的开拓创新精神，培育具有法律伦理、法律思维、法律方法的卓越法治人才，符合法学院校和律师事务所的双重考核标准的全新的人才培养模式。

本书以坚持党的领导为前提，探索一条文科政产学研用相融合、可供复制的新思路；拟通过探索行业龙头单位丰富教育资源和先进育人理念植入高校法学院的体制架构、机制安排、制度设置以及实践运作，挖掘其对传统法学院人才培养模式的突破；以地方高校法学院与全球顶级律师事务所"资源整合，协同育人，机制再造"的法学政产学研用协同育人机制的实践为研究对象，坚持以社会需求为导向的原则，通过探索和研究合作办学体制架构、机制安排、制度设置以及实践运作，实现传统法学院人才培养模式的突破，探索形成一种法学政产学研用协同育人的新机制，以实现对传统法学院的改造，形成一种可复制、可推广的法治人才培养的新模式。

具体而言，本书从实证调研开始，考察了盈科法学院的教学育人模式,并在参照域外法学专业教育成功经验的基础上,深入反思了这一政产学研用协同育人模式。首先,调研阶段。研究团队成员按照预先安排调研山东省属高校法学院所产学研融合的实际状况,进一步了解合作模式的样态与个案,分析遇到的现实难题。在这一阶段重点考虑:针对山东省属各高校和鲁东大学的法学人才培养存在着片面强调理论传授、学生实践能力不足、培养模式封闭、机制僵化单一等问题,如何整合高校与社会资源,建构适应时代需要的新型培育平台,培养德才兼备、具有较高综合素质的应用型、复合型高阶法治人才。其次,合作深入考察阶段。按照鲁东大学与盈科律师事务所共建盈科法学院的合作协议,共同深化建设鲁东大学盈科法学院,在教学工作、科研建设、法学硕士点申报、服务地方建设等人才培养和社会服务方面进一步磋商合作事宜,探索深化合作的新模式。在这一阶段重点考虑以下两个问题:一是如何从鲁东大学法学专业具体情况和社会需求出发,设计法律人才培养目标、培养规格和课程体系,改革培养机制,提出人才培养的产学研协同模式,探索实现路径。二是如何通过课题内容融合、校内校外融合、线上线下融合,拓宽培养渠道,探索以我为主、积极利用外部优质资源,推进法学教育课程系统、教育目标、教育内容的实践转向,有效克服传统法律人才培养模式的封闭性、单一性问题。最后,系统反思阶段。在这一阶段重点考虑:如何以坚持党的领导为前提,探索法学政产学研用相融合、可供复制的新思路,以通过探索、研究行业龙头单位丰富教育资源和先进育人理念植入高校法学院的体制架构、机制安排、制度设置以及实践运作,挖掘其对传统法学院人才培养模式的突破。

(二)研究方法

第一,实证调研法。主要用于考察鲁东大学盈科法学院模式的运行情况，同时选取典型地区、典型高校法学院，就其与实务部门的合作模式进行全面性的实证调研，了解各自合作模式的样态与个案，以及遇到的理论困惑与现实难题。

第二，规范分析法。主要用于检视"植入式"法学政产学研用协同育人机制的逻辑与理论基础。运用教育学、经济学、社会学、教育行政法学相关理论，结合当前立法与政策规范加以研究。

第三，比较分析法。主要通过选取英、美、德和日本等发达国家法学专业人才培养体制、机制和模式的基本情况，对比我国法学专业人才培养概况，找出存在的差距，从而吸取、借鉴发达国家法学专业人才培养的成功经验，在此基础上，对鲁东大学盈科法学院的实践与山东省内外其他法学院所与实务部门合作办学的模式进行比较研究，发掘其中的相同与不同之处，分析"植入式"法学政产学研用协同育人机制在价值理念、制度构造、具体措施方面具有的创新性、实效性，发现该模式对于促进优势学科发展、推动产学研结合所具有的优势，并探讨其进一步完善的路径。

第四，专家访谈法。访问山东省高等教育界的教学名师，通过专家访谈了解专家对法学专业人才培养的看法、对教学改革的建议、对学科建设的观点、对教育教学保障的意见以及对法治人才培养模式的反思等，从而为健全完善"植入式"法学政产学研用协同育人机制提出更专业的建议。

第一章
新时代法学教育面临的挑战

　　改革开放以来,随着我国建设社会主义市场经济和社会发展需求大量高素质法律人才,特别是党的十五大提出"依法治国"的基本方略之后,法学本科教育规模快速扩张,很快就由精英教育转为大众教育培养模式。法学本科教育的快速扩张与法治建设需求增加以及法律服务需求扩大密不可分。随着中国经济社会的发展,人民对法治建设和法律服务的需求逐渐增加,扩大法学本科教育规模可以更好地满足市场需求,提高法律服务质量和效率。我国政府高度重视法学教育的发展并出台了一系列支持政策,包括资金投入、招生计划增加、师资队伍建设等方面的支持,为法学本科教育的快速扩张提供了保障。另外,由于人才培养规模扩张过快,尚未形成与其相适应的学科结构与课程体系,法学教育教学设备设施、法律实践教学条件等软硬件配备不足,导致法学本科教育人才粗放式培养,教育教学质量下降,难以满足经济社会发展对高水平法治人才的需求,其显著后果就是法学专业本科毕业生就业率连续多年处于低位,法学本科教育面临着日益严峻的挑战。改进法学本科教育,使其满足国家发展和社会需求,已经成为法学本科教育改革创新发展的时代命题。[1]特别是在新时代背景下，法学教育面临更加严峻的挑战。

中国特色社会主义新时代是中国发展新的历史方位。2012年11月在北京召开的中国共产党第十八次全国代表大会，是在我国进入全面建成小康社会决定性阶段召开的一次十分重要的大会。从党的十八大开始，中国特色社会主义进入新时代。2017年10月18日，习近平总书记在党的十九大报告中作出重大判断："经过长期努力，中国特色社会主义进入了新时代，这是我国发展新的历史方位。"进入新时代，是从党和国家事业发展的全局视野、从改革开放近四十年历程和十八大以来五年取得的历史性成就和历史性变革的方位上所作出的科学判断。经过改革开放四十多年的探索，我国已形成了自己的道路、制度和理论，但进入中国特色社会主义新时代后，我国法学教育也面临着许多新挑战。

一、以人民为中心的根本发展理念对法学教育提出了更高要求

党的十九大报告指出，"人民美好生活需要日益广泛，不仅对物质文化生活提出了更高要求，而且在民主、法治、公平、正义、安全、环境等方面的要求日益增长"。"民主、法治、公平、正义、安全、环境"这六个方面都与法学、法治有着密切的关系。民主是法治的本质和基础；法治是治国理政的基本方式，社会越发展，越要靠法治；公平、正义所塑造的是国家和社会的价值观，人民对公平、正义的要求，正从对每一起诉讼

---

[1] 谢伟：《新文科背景下中国式法学本科教育改革路径探析》，载《广西社会科学》2023年第8期，第108页。

第一章　新时代法学教育面临的挑战

案件中的感受转向对制度设计和执法活动的感受；人民对安全的新要求要做广义的理解，涵盖人身安全、财产安全、社会安全和国家安全；人民对环境的要求已经变成中国新的价值观，也已成为人民群众新的基本权利。[1]在中国特色社会主义新时代，如何满足人民的新需要，亟须法学教育思考。具体而言，主要包括以下方面：

首先，新时代法学教育应当注重培养服务人民的法治观念。法治观念的培养至关重要。一方面，以人民为中心的发展理念要求法学教育深化学生对法治的理解，培养学生的法治观念和法治意识，使其能够遵纪守法、维护法治，为社会稳定和发展贡献力量。另一方面，培养服务人民的法治观念是当前我国法学教育首当其冲的任务。法学教育应当以人民为中心，旨在培养法律专业人才，明确法律的根本宗旨是为人民服务，保障人民的合法权益，维护社会公平正义。这就要求法学教育注重培养学生的服务意识，引导他们将法律知识与实际情况相结合，为人民群众提供更好的法律服务。

"新文科""新法学"背景下，法学教育更应当注重培养服务人民的法治观念。2019年4月29日，教育部、科学技术部、财政部等部门在天津联合召开"六卓越一拔尖"计划2.0启动大会，"新工科、新医科、新农科、新文科"为核心的国家"四新"建设工程自此开启。党的二十大报告指出："加强基础学科、新兴学科、交叉学科建设，加快建设中国特色、世界一流的大学和优势学科。"在这一要求下，新文科旨在从学科体系、学术体系、话语体系、课程体系、教学体系等方面促进文科转

---

[1] 徐显明：《新文科与新法学》，载《新文科理论与实践》2022年第1期，第21页。

型升级,以适应数字经济时代数字社会对文科人才的需求。应对"新文科"的要求,"新法学"应运而生。新法学建设必须始终牢固树立以人民为中心的发展思路。人民性是习近平法治思想最鲜明的底色和品格,坚持以人民为中心的根本立场,是习近平法治思想区别于其他各种法治理论的根本所在。[1]"新文科""新法学"建设必须突出人民至上,坚持以人民为中心的导向,因此,中国法学的发展应全面贯彻以人民为中心的发展理念,强调法学教育要随着国家法治的发展而发展,为了推动国家法治的发展而不断地进行改革创新。创新法学培养模式和教学方式、方法,协调法学的学科布局,优化法学教育的培养类型,强调法学教育的可持续发展,建立更加开放、成果为更多人共享的法学教育体系,统筹利用学校与行业、社会及国际和国内多种优质资源,形成紧密结合的共同育人、共享成果的培养机制和氛围。[2]法学政产学研用协同育人机制成为时代的需要。

其次,新时代法学教育应当关注人民需求。党的十九大报告指出,当前社会的主要矛盾是人民日益增长的美好生活需要和不平衡不充分的发展之间的矛盾。习近平法治思想强调"要把体现人民利益、反映人民愿望、维护人民权益、增进人民福祉落实到全面依法治国全过程"。[3]2024年3月发布的国务院《政府工作报告》强调"我们要坚持教育优先发展,加快推进教育现代化,厚植人民幸福之本,夯实国家富强之基""切实保障

---

[1] 张文显:《坚持以人民为中心的根本立场》,载《法制与社会发展》2021年第3期,第2页。

[2] 周佑勇:《高等法学教育如何实现内涵式发展》,载《北京航空航天大学学报(社会科学版)》2018年第2期,第7页。

[3] 习近平:《加强党对全面依法治国的领导》,载https://www.12371.cn/2019/02/15/ARTI1550217630844378.shtml,2024年2月17日访问。

第一章 新时代法学教育面临的挑战

和改善民生,加强和创新社会治理。坚持以人民为中心的发展思想,履行好保基本、兜底线职责,采取更多惠民生、暖民心举措,扎实推进共同富裕,促进社会和谐稳定,不断增强人民群众的获得感、幸福感、安全感"。法学教育作为中国特色社会主义法治体系、高等教育事业的重要组成部分,应当更加关注人民的需求,紧密结合社会实际,深入了解人民群众的法律需求,培养具有扎实法律知识和实践能力的法律专业人才,为解决人民实际问题提供更有效的法律支持。这就需要以习近平新时代中国特色社会主义思想、全面依法治国新理念新思想新战略和以人民为中心、实现人与社会全面进步的新发展思想为指引,促进法学教育的均衡充分发展,回应人民对优质公平法学教育的期待和需求,解决新时代的新矛盾,实现社会和法治人才的共同发展。[1]中国特色社会主义新时代,"新文科""新法学"建设都要求法学本科教育的中国化,运用中华民族优秀的传统法律思想和法律文化,满足中国人民的需要,形成符合中国国情的、适合中国式现代化发展需要的法学学科体系,[2]这是以人民为中心的发展理念在新时代对法学教育提出的新要求。总之,法学教育应当为解决我国社会主要矛盾提供法治支撑和法治保障,特别是以满足人民群众日益增长的法治需要为目标,实现法学教育的平衡发展和充分发展。法学教育的"应用型""实践性"是新时代提出的要求。

最后,新时代法学教育应当着眼于推动社会的公平和正义。法律的根本价值在于公平和正义。以人民为中心的根本发展理

---

[1] 杨宗科:《论新时代全面依法治国背景下政法高校的使命担当》,载《法学教育研究》2018年第4期,第42页。
[2] 谢伟:《新文科背景下中国式法学本科教育改革路径探析》,载《广西社会科学》2023年第8期,第112页。

— 015 —

念要求法学教育培养学生关注社会公平和正义的意识，引导其致力于推动法治建设，维护社会公平正义，为实现社会和谐稳定作出积极贡献。党的二十大报告提出，"教育、科技、人才是全面建设社会主义现代化国家的基础性、战略性支撑"。实践证明，人才的培养和运用是助力国家兴盛至关重要的因素。在中国特色社会主义新时代背景下，社会对法律人才培养质量和成效有了更高的要求与期望。随着社会和国家法治化进程的加快，法学教育的目标由知识型教育逐渐转变为素质型教育。除了教授法学专业学生基本的法律知识，更应当注意对其公平、公正、正义等法律精神和法律人格的培育，如何在传统法学教育的基础之上，满足新时代对于新文科的新要求，培养出具有公平正义等法律精神的高素质新时代法律人才是新时代传统法学教育面临的一大挑战。

综上所述，人民为中心的根本发展理念对法学教育提出了更高要求，要求法学教育以服务人民、强调法治、关注人民需求、推动社会公平正义为宗旨，培养德才兼备的应用型、复合型、创新型高阶法治人才，为构建法治社会和谐稳定的现代国家作出应有的贡献。

二、中国法治建设的新目标对法学教育提出了新要求

党的十九大报告和《中共中央关于制定国民经济和社会发展第十四个五年规划和二〇三五年远景目标的建议》，都明确提出到2035年基本建成法治国家、法治政府、法治社会；到新中国成立100周年的时候，即2050年前后，要建成社会主义现代化强国。2024年3月发布的国务院《政府工作报告》强调"我们要以广泛深刻的数字变革，赋能经济发展、丰富人民生活、提升社会治理现代化水平""要把坚持高质量发展作为新时代的

硬道理，把为民造福作为最重要的政绩，努力建设人民满意的法治政府、创新政府、廉洁政府和服务型政府，全面履行好政府职责"。全面依法治国是中国特色社会主义的本质要求和重要保障，是国家治理的一场深刻革命。[1]它事关党和国家事业发展全局，涉及各个治理领域。为贯彻习近平法治思想，更好地治理国家，实现"建设中国特色社会主义法治体系、建设社会主义法治国家的目标"，需要更多厚基础、宽口径、运用新技术、具有创新思维和国际视野的法治人才。我们正面临着"百年未有之大变局"，我们的法治是走向大国的法治，是与现代化国家目标相适应的法治，我们的目标是建设法治中国、法治强国。与大国、强国的目标相适应，法学教育也要成为世界一流法学教育，这是对我国法学教育提出的新定位。[2]高校法学专业人才培养，应适应依法治国的战略定位。法学教育如何应对，这是我们的"新法学"应当思考的。

首先，回应法治国家、法治社会、法治政府建设，法学教育应当着眼培养和增强全社会的法律意识和法治观念。2014年通过的中共中央《关于全面推进依法治国若干重大问题的决定》明确提出要"大力提高法治工作队伍思想政治素质、业务工作能力、职业道德水准，着力建设一支忠于党、忠于国家、忠于人民、忠于法律的社会主义法治工作队伍"。建设中国特色社会主义法治体系的战略目标对我国法学教育提出了新的要求和挑战。"新法学"建设应当顺应时代发展潮流，围绕建设中国特色社会主义法治体系的战略目标，谋划法治人才培养工作，考虑

---

〔1〕 中共中央宣传部：《习近平新时代中国特色社会主义思想三十讲》，学习出版社2018年版，第183~193页。
〔2〕 徐显明：《新文科与新法学》，载《新文科理论与实践》2022年第1期，第21页。

如何深化教学改革和发展教学,以适应全面依法治国的实际需要为导向,尤其要深化内涵建设,解决好怎样培养人、培养什么人、为谁培养人问题,[1]努力培养和造就熟悉中国特色社会主义法治体系,又能够坚持中国特色社会主义法治体系的法治人才及后备力量。总之,法治政府建设需要全社会的法律意识和法治观念得到提高,而法学教育是培养全社会的法律意识和法治观念的重要途径。宪法是国家的根本大法,是我国法治建设的基础。坚持以宪法为核心的法治教育,法学教育应该以宪法为核心,注重宪法的教育和宣传,培养学生的宪法意识和法治观念,进而培养和增强全社会的法律意识和法治观念。

其次,回应法治国家、法治社会、法治政府建设,法学教育应当着眼强化法律实践教育,推动法学教育与社会需求相结合。习近平法治思想强调在法治轨道上推进国家治理体系和治理能力现代化,意味着"法治体系是国家治理体系的内核,法治能力是国家治理能力的关键。推进国家治理体系和治理能力现代化,本质上是推进治理法治化"。法治作为一种国家治理方式,必须借助于人在社会治理中的能动作用来实现。"人的法治素养、法治意识和法治能力对于推进国家治理体系和治理能力现代化至关重要。"[2]在全面依法治国背景下,坚持在法治轨道上推进国家治理体系和治理能力现代化的战略布局,必然要求法学教育必须了解我国国情,深入我国司法实践。通过开展模拟法庭、法律实习、法律援助等实践教学活动,培养学生的法律实践能力和法律服务意识。进入中国特色社会主义新时代,

---

[1] 吕涛:《生态法治人才培养研究——以山东政法学院法学本科环境法人才培养为视角》,载《法学教育研究》2018年第4期,第83页。

[2] 周叶中:《新时代中国法学教育的问题与使命》,载《人民法治》2018年第16期,第15页。

法学教育的使命和任务更要适应我国社会的主要矛盾的变化以及法治国家、法治政府和法治社会建设的目标任务，为建设法治中国、法治强国提供高素质法治人才保障。[1]总之，法学教育应该注重与社会需求相结合，注重社会需求的调研和反馈，培养符合社会需求的法治人才。

再次，回应法治国家、法治社会、法治政府建设，法学教育应当着手加强法学专业化教育。习近平法治思想的一个重要坚持，就是"坚持依法治国、依法执政、依法行政共同推进，法治国家、法治政府、法治社会一体建设"。习近平法治思想涵盖全面依法治国的各领域全过程，将"法治社会"与"法治国家""法治政府"并列，指明了运用法治思维和法治方式推进社会治理的根本方向，其中，法治社会理论是其重要组成部分。[2]传统的法学教育难以适应"法治国家、法治政府、法治社会"一体建设对于法治人才的需要，突出表现为应用型、复合型法律职业人才培养明显不足，系统化的法学专业化教育仅停留在书本上，法律实践能力不强。系统化的法学专业化教育应当在实践中不断地精进，更加专业，包括法学理论、法律制度、法律逻辑等专业课程在内。全国人民代表大会常务委员会于2021年发布的《关于开展第八个五年法治宣传教育的决议》要求，"把法治教育纳入干部教育体系、国民教育体系、社会教育体系"。为回应这一需求，新法学建设必须在坚持法治国家、法治政府、法治社会一体建设的基础上，培养法学人才，注重专业化教育，培养学生的法学专业知识和技能。为应对法治社会建

---

[1] 杨宗科：《习近平德法兼修高素质法治人才培养思想的科学内涵》，载《法学》2021年第1期，第10页。

[2] 窦衍瑞、王岩云：《习近平法治思想指引下的新法学建设》，载《法学教育研究》2022年第2期，第181页。

设需要，语境中的新法学建设、涉外法学、信息法学、数据法学、知识产权等专业方向的培养逐渐清晰。

最后，回应法治国家、法治社会、法治政府建设，法学教育应当着眼强化国际化、数字化教育。一方面，中国法治建设与国际接轨，法学教育也需要与国际接轨。法学教育应该注重国际化教育，培养学生的国际法律意识和跨文化交流能力，这突出体现在近两年涉外法治人才的急需上。另一方面，进入数字时代，网络的广泛使用，产生了许多复杂棘手的深层社会法律问题，大量新的法律关系需要明确。因此，随着大数据时代的到来，数字法学的兴起，相关法学专业教育的发展提上日程。传统单一的法学专业人才培养，已经难以满足新时代的需要。法学学科应当与其他学科协同应战，打破专业壁垒，实现跨学科专业知识的整合，推动相互融合发展。总之，在数字时代，法学教育应当着眼于国际化、数字化教育，突出培养能够发挥社会服务功能和法治国家建设所需的应用型、复合型和创新型法治人才，以实行对法学专业学生多学科、交叉融合的跨界培养，回应法治国家、法治政府、法治社会建设所需的大量应用型、复合型法治人才要求。

三、我国海外利益保护对法学教育提出了新课题

世界处于百年未有之大变局，各种力量因国际秩序和国际格局的不断调整而改变。随着我国经济改革的不断深入，与他国持续频繁的经济交往及应对他国挑起的贸易战，需要大量有国际视野的法律人才。"人类命运共同体""一带一路"等主张的实现都需要法律人才的保障，现在"走出去"的企业都已悟出一个道理，必须实行"一国一法""一事一策"，针对涉及的具体国家拿出相应的法律方案。但目前法学教育在"一带一路"

保护我国海外利益的过程中能够提供的智慧远远不够。我们的国家利益延伸到哪里，维护这些利益安全的研究就要延伸到哪里，法学教育、法学研究也要跟进到哪里。[1]具体而言，"一带一路"给我国法学教育带来的挑战包括以下方面：其一，法律体系差异性方面。不同国家的法律体系存在差异，我国在海外利益保护中需要了解并遵守当地法律，这就要求法学教育不仅要注重国内法律体系的教学，还要加强对国际法、外国法律体系的学习和研究。其二，跨文化沟通方面。在海外利益保护过程中，需要处理涉及不同国家、不同文化背景的法律事务，这要求我国法学教育培养学生的跨文化沟通能力，包括语言能力、文化意识等方面的素养。其三，全球化视野方面。随着我国对外开放程度的不断提高，海外利益保护也越来越重要，法学教育需要培养学生的全球化视野，使学生能够理解和应对国际法律环境下的挑战和机遇。总之，随着我国在国际舞台上的影响力不断增强，对具有国际化背景和视野的法律人才的需求也在增加，这对法学教育提出了更高的要求，需要更加注重培养学生的国际竞争力和综合素质。因此，为应对我国海外利益保护对法学教育提出的新挑战，法学院校需要不断改革和创新教学内容和方法，加强国际交流与合作，为学生提供更加全面和多元化的法学教育，以适应我国法律事务国际化发展的需要。

除了"一带一路"的影响，中美关系的变化对法学教育带来的新挑战，使保护国家海外利益成为不得不面对的问题。中美关系的背后是美国要剥夺我国的独立发展权的斗争，争议的焦点是规则与制度之争，这场斗争将具有长期性、全面性、复

---

[1] 徐显明：《新文科与新法学》，载《新文科理论与实践》2022年第1期，第21页。

杂性的特点。面对中美贸易摩擦，我们在应对机制、阻断机制、合规性和人才培养这四个方面都需要加强。要培养涉外型的通晓国际规则的高水平、高素质的法治人才。面对挑战，如何补齐涉外法治短板，加大涉外法学教育改革力度是关键。[1]具体而言，中美关系的变化给我国法学教育带来的挑战包括以下方面：其一，国际法律交流和合作的影响。中美关系的紧张可能导致国际法律交流和合作受到一定程度的影响，这可能会影响我国法学教育中对国际法律、国际关系等领域的教学和研究。其二，外国法律体系的影响。中美关系的变化可能导致我国法学教育需要更加深入地研究和理解美国法律体系及其相关法律制度，以更好地应对可能出现的法律挑战。其三，国际法律环境的变化。中美关系的变化可能会导致国际法律环境的不确定性增加，这对我国法学教育的教学内容和研究方向提出了更高的要求，需要更加注重培养学生的国际视野和法律实践能力。总之，中美关系的变化对我国法学教育带来了新的挑战，需要法学教育界及相关机构及时调整教学内容和方法，以适应国际法律环境的变化，培养更具国际竞争力的法律人才。

保护我国海外利益的需求给我国法学专业人才培养的挑战具体反映在人才培养的国际化与职业化两个方面：

第一，法律人才培养国际化的挑战。随着我国成为世界第二大经济体，我国的国际地位日益提高，我国更多地参与国际政治经济事务，以及我国企业投资"一带一路"乃至全球投资，我国文化向世界传播等进程的不断深入，我国缺乏国际化、复合型的涉外法治人才短板逐渐显现。目前，我国掌握国际法律

---

[1] 徐显明：《新文科与新法学》，载《新文科理论与实践》2022年第1期，第22页。

第一章 新时代法学教育面临的挑战

规则、具有国际视野的法律人才的储备和供给显然无法满足需要。当前我国法律人才培养国际化的挑战，具体包括以下方面：一是法律体系差异。不同国家的法律体系存在较大差异，包括法律原则、立法过程、司法制度等。培养国际化的法律人才需要他们具备跨文化沟通能力和对不同法律体系的理解。二是语言障碍。法律是一门语言密集型学科，国际化的法律人才需要精通至少一门外语，以便理解国际法律文献、与外国律师进行交流等。三是教育资源不足。我国一些法学院校在国际法律教育资源方面可能存在不足，如教师队伍的国际化程度、国际交流项目等，这会对培养国际化法律人才构成挑战。四是法律实务经验。国际化的法律人才需要具备丰富的法律实务经验，包括处理国际案件、跨境法律事务等。然而，我国法学专业学生在校期间获得这方面经验的机会有限。五是法律技能需求。随着全球化的发展，法律人才需要具备更多的综合技能，如跨文化交流、解决复杂的国际法律问题等，这对传统法学教育提出了新的要求。

涉外法治人才培养是涉外法治建设的重要基础和保障，为加快涉外法治工作战略布局提供人才保障。法学教育统筹推进国内法治和涉外法治必然是一个系统工程，需从宏观和微观的多个方面作出调整，尤其是重构国际法学科体系、完善涉外法治人才培养体系、切实提升学生的外语能力、强化涉外法治（国际法治）实践教育。[1]为加强涉外法治人才培养，教育部、司法部公布《关于实施法律硕士专业学位（涉外律师）研究生培养项目的通知》（教研司［2021］1号），首批有15所高校入

---

〔1〕 刘晓红：《以习近平法治思想为引领　加强涉外法治人才培养》，载《法治日报》2021年1月20日。

— 023 —

选。高校可以从自己的现状出发从以下几个方面入手培养涉外法治人才：其一，寻求多样化的教育资源。现在有许多高校和研究机构提供涉外法律领域的教育和培训。这些机构可以通过开设专业课程、组织学术研讨会和实践项目等方式，为学生提供涉外法治方面的知识和技能。其二，创造国际化的教学环境。许多学校积极推动国际化教学环境的建设，包括引进外籍教师、开设双语授课课程和与国外高校进行合作交流等。这种国际化环境有助于学生接触到不同文化和法律制度，拓展他们的国际视野。其三，搭建实践机会和交流平台。学校可以与政府部门、国际组织、律师事务所等建立合作关系，提供实习机会和交流平台。学生可以通过参与模拟法庭、国际研讨会和实地考察等活动，提升他们的实践能力和国际合作能力。其四，完善跨学科的教育模式。涉外法治人才培养需要跨学科的教育，法学院系可以与其他专业院系合作开设相关课程，如国际关系、经济学、政治学等。通过培养学生的综合素质和跨学科能力，学生能够更好地理解和应用法律知识。总之，在高校、研究机构和政府的共同努力下，可以提供多样化的教育资源、营造国际化的教学环境，并为学生提供实践机会和交流平台。这将有助于培养具备涉外法治专业知识和国际化视野的人才，满足国际交往和涉外法律需求。

第二，法律人才培养职业化的挑战。中共中央办公厅、国务院办公厅印发的《关于加强新时代法学教育和法学理论研究的意见》指出，要适应多层次多领域法治人才需求，扶持发展法律职业教育。为了保护我国海外利益，满足"一带一路"建设的法律需求，确实有必要促使我国法律人才培养更加职业化。其一，职业化的法律人才培养可以提供更专业、系统的法律知识和技能培训。这包括对国际法、涉外法律制度、国际争端解决机制等方面的专业培训，使法律人才具备更强的专业素养，

第一章　新时代法学教育面临的挑战

能够更好地应对涉外法律事务。其二，职业化的法律人才培养应注重实践经验和案例研究的培养。通过参与实际案件的处理和解决，或者通过模拟法庭、法律实习等实践活动，学生可以获得更丰富的法律实践经验，并能够更好地理解和应用法律规则。其三，职业化的法律人才培养应注重职业道德和专业规范的培养。通过强调诚信、服务精神、保密义务等方面的培养，可以培养出具有良好职业道德和专业标准的法律人才，确保他们能够胜任涉外法律工作并维护我国利益。培养职业化的法律人才，需要与国际社会进行广泛的交流与合作。与国际组织、外国律师事务所、外籍教师等建立联系，进行国际交流和学术合作，可以帮助我国法律人才了解国际法律动态和最新发展，提高他们的国际视野和跨文化交流能力。在此基础上，职业化的法律人才培养需要建立起持续培训和发展的机制。法律人才应不断学习、更新知识，关注国际法律动态，提升自身的专业素养和竞争力，以适应不断变化的涉外法律环境。因此，职业化的法律人才培养有助于培养具备专业知识、实践经验和职业素养的涉外法律人才，为保护我国海外利益提供坚实的法律支持。这需要高校、研究机构和相关部门共同合作，加强教育体系改革与完善，建立职业化培养的机制和标准。

四、大数据时代对法学教育提出了新考验

人类文明已经经历从农业文明到工业文明的转型，现在正在经历第三种文明即信息文明的转型。世界正在进入以信息产业为主导的经济发展时期。[1]大数据、云计算、人工智能（AI）、区块链等信息化科技手段都对法学教育提出了新要求，

---

〔1〕《习近平谈治国理政》（第3卷），外文出版社2020年版，第247页。

法治必须和这些新技术融合在一起。[1]以卫生法学为例,大数据时代的到来,新一代信息技术的应用、发展和普及给卫生法学专业教学带来了极大的便利。但不可否认,其在教学理念、教学内容、教学方式以及教学平台等方面亦给卫生法学教学的现代化转变带来了一定的冲击和挑战。

第一,大数据时代对教学理念的挑战。教学最终成败的影响因素很多,但其中教学主体是教学发展最重要的前提条件之一,而教学主体的理念是影响教学发展和成效的关键性因素。当今社会中,互联网、大数据、人工智能、生物技术等新技术影响了法学的发展变化。法学与新技术相互结合更加紧密,交叉融合,进而产生了新变化,推动法学人才培养模式的改变,培养既有法学专业背景、了解司法实务又兼通网络化新技术的复合型法律人才提上日程。我国网络发展迅猛,法律数字化转型迅速,互联网法院的产生及传统法院信息化建设实践的持续推进,都推动了信息技术在司法审判、执行、管理、服务各方面大量使用,使得网上立案、电子送达、庭审直播、网上查询、掌上执行等业务得以实现。这要求法学专业人才培养回应大数据时代的需求,适应信息技术发展和社会经济发展以及国家治理对法律人才的需要。当前我国许多高校都在推行MOOC(大型开放式网络课程),有的地方甚至以行政命令强制要求,正是教育主体在大数据时代意识到这一重要性、紧迫感、危机感的证明。大数据时代对卫生法学教学理念的挑战主要体现在如何尽快转变教学主体的教学理念方面,实现教学理念的与时俱进。当前我国卫生法学的主要教学理念仍是最大量地取得以成绩为

---

[1] 徐显明:《新文科与新法学》,载《新文科理论与实践》2022年第1期,第22页。

代表的教学效益,导致当前我国许多高校卫生法学教学发展出现严重同质化以及知识技能平庸化的困境,漠视个体能力的发展,这是造成卫生法学专业学生就业率较低的重要原因之一。

大数据时代,数字化改造应贯穿法学本科教育全过程、全方位涵盖法学本科的理论教学、实验教学和实践教学等各环节,充分利用数字技术复制、还原和存储法律职业场景,丰富法学本科教育教学资料,进而激发学生的学习兴趣和学习动力。可见,大数据时代的到来使得个性化、多元化教学成为可能,尊重个体身心健康发展的卫生法理念得以深入推广,但是这一教学理念的转变离不开卫生法学教学主体的转变,需要教学主体的"师""生"双方能够迅速甄别、处理、应用海量的数据信息,拥有分析数据的能力,并能从中选出对个性化教学活动有效的数据。面对挑战,实现教学理念从同质化向多样化、个性化转变亟待卫生法学教学主体予以积极回应。

第二,大数据时代对教学内容的挑战。大数据时代对卫生法学教学内容的挑战主要体现在如何做到教学信息的同步与更新方面。据统计,计算机数据处理能力的增长速度比世界经济的增长速度快9倍。[1]信息的快速更替以及数据的急剧膨胀使得高等教育的知识传授与知识的更新与教科书严重脱节。卫生法学教科书中的知识系统、全面,但教科书中的知识却有一定的滞后性,即使版本不断更新仍难以赶上社会发展的进程;教学内容大多枯燥,难以引起学生兴趣;当前的卫生法学专业学生实习普遍较少,而一般在校期间又很少有社会实践,导致学生毕业后难以与社会直接接轨。而卫生法学的主要研究内容是

---

〔1〕 [英]维克托·迈尔-舍恩伯格、肯尼思·库克耶:《大数据时代:生活、工作与思维的大变革》,盛杨燕、周涛译,浙江人民出版社2013年版,第25页。

医疗纠纷的防范与处理、医药卫生管理法律以及现代医学发展中的法律问题等，这些问题的社会公共性、实践性强，与社会发展联系密切。除此以外，作为一项技术性很强的法学分支，医学及其他相关学科的发展与进步亟须卫生法学内容的变革。可见，在大数据时代下，卫生法学教学内容的同步更新尤为重要。

第三，大数据时代对教学方式的挑战。大数据时代对卫生法学教学方式的挑战主要体现在如何实现教学方式的转变与突破方面。卫生法学关注人们生活、健康水平的切实提高，关注医患关系的合理解决，应当侧重提高学生实践能力的教学方式的应用，但当前我国卫生法学的教育方式是以教师教、学生学为主的"填鸭式"教育，在这种传统的"单向传授"的教学中，教师主导着教学过程，是教学的主体，学生仅是被动地接受。而移动互联网时代最大的人性化特点，是能够实现教学双方的同步互动，[1]所以，在大数据时代，卫生法学教学如何实现"单向传授"向"互动交流"的教学方式转变是对教学主体的极大挑战。近些年，随着多媒体等技术的大量应用，教学过程中的信息获取方式不断增多，但相对于信息科技的急剧发展，卫生法学教学方式的现代化仍然滞后，仍然是以"单向传授"为主。大数据等信息科技在卫生法学教学中的应用及所体现的作用仍然被动，"互动交流"的教学方式亟待改进。如何以大数据为媒介，转变教学方式为师生互动交流、共同协作以提高卫生法学教学的实效，仍需要教学主体深思。开放式、个性化、多元化教学已成为教学中需要关注的重点。当前我国国内许多

---

[1] 赵诚：《2015年教育信息化新趋势——美国年轻人对教育信息化的探索》，载《中国教育信息化》2015年第3期，第15页。

第一章 新时代法学教育面临的挑战

高校都已经开设了 MOOC，学生可以很方便、快捷地下载自己喜欢的课程资料，在这个过程中，教师应该采取何种教学方式和方法才能积极、有效地引导学生仍需要我们反思。

另外，"新文科"要求法学本科教育不断在跨学科交叉融合、跨领域创新中发展。当今世界，以互联网、区块链、人工智能、大数据等为代表的数字技术快速发展，极大地促进了数字经济、数字政府、数字社会的建设，成为新时代经济社会发展最有效益的增长点和创新点之一。这是社会发展的规律，历史已经向我们表明重大的技术变迁会导致社会和经济的转换。[1]因而，在大数据时代，数字技术对法学本科教育的影响巨大。如互联网技术特别是移动互联网的发展促进了在线开放课程的普及，这些在线开放课程以其开放性、大规模、丰富多样的特征实现了翻转课堂，提高了学习效率，改进了评价效果，使得高质量法学本科教育资源能够公平惠及更多学生。借助虚拟现实（VR）、增强现实（AR）等数字技术，通过把法学院模拟法庭与智慧法院信息系统联网等，数字化重构法学本科实验教学模式，运用数字技术将高度抽象、虚拟、概括性的法学理论转化为具有真实性、形象性、生动性、可复制性、可储存性的，容易感知、易于理解的情境展示给法学本科学生，使得学生能够获得身临其境的真实感受，进而获得前所未有的沉浸式体验。[2]在这一过程中，作为教学主导主体的教师如何更加有效地引导学生需要我们深入思考。

第四，大数据时代对教学平台的挑战。大数据时代对卫生

---

[1] [英]乔治·扎卡达基斯：《人类的终极命运：从旧石器时代到人工智能的未来》，陈朝译，中信出版集团 2017 年版，第 296 页。

[2] 谢伟：《新文科背景下中国式法学本科教育改革路径探析》，载《广西社会科学》2023 年第 8 期，第 113 页。

— 029 —

法学教学平台的挑战主要体现在如何解决教学平台的局促与滞后，建设具有开放性价值的知识交换的教学平台方面，以实现卫生法学知识开放性、有效性的价值。当前我国法学教育以市场为导向大规模招生，使高校每年都有几万名法学专业毕业生，法学成为文科专业本科毕业生就业率较低的一个专业。但实证表明，这并非源于社会对法律人才需求的饱和，而是高校法学专业的建设还不能满足当前社会对高质量高水平法律人才的需求，高水平的懂医懂法的卫生法学人才更是十分匮乏。高校的卫生法学教学水平、办学水平相差悬殊。有些高校课程设置起点低，师资力量薄弱、教学方式传统陈旧，且与法律实务脱节，培养出的卫生法学专业学生难以具备社会需要的实际能力。如何在现有条件的基础上，拓宽卫生法学教学平台，突破时间、空间和地域的限制，弥补师资薄弱地区卫生法学教师的不足，实现开放性的价值，是许多高校卫生法学教育着力思索的问题。大数据要求搭建专业建设的数据平台，拓宽专业建设数据获取途径。如何以此为契机，搭建卫生法学教学平台，解决现有问题，亟待卫生法学教学主体作出回应。

第二章
地方高校法学本科专业人才培养的不足

2019年4月29日,教育部、科学技术部、财政部等部门在天津联合召开"六卓越一拔尖"计划2.0启动大会,"新工科、新医科、新农科、新文科"为核心的国家"四新"建设工程自此开启。作为高等教育领域的国家战略,"新文科"必将对未来中国大学文科、中国教育和中国社会产生巨大影响。[1]2018年教育部、中共中央政法委员会共同发布的《关于坚持德法兼修实施卓越法治人才教育培养计划2.0的意见》则指引了"新文科"背景下"新法学"的改革方向,意味着"卓越法治人才教育培养计划2.0"是"新文科"建设在法学教育领域的具体体现。该意见对实施"卓越法治人才教育培养计划2.0"的总体思路、目标要求、改革任务和重点举措以及组织实施作出了详细部署。该意见强调了"法学实践教育""实践教学"的重要性,主要表现在以下方面:"总体思路"部分明确提出"找准人才培养和行业需求的结合点……强化法学实践教育……""目标要求"部分提出"经过5年的努力……教材课程、师资队伍、教学方法、实践教学等关键环节改革取得显著成效……""改革任

---

[1] 黄启兵、田晓明:《"新文科"的来源、特性及建设路径》,载《苏州大学学报(教育科学版)》2020年第2期,第78页。

务和重点举措"部分提出了八个方面的措施,其中一方面就是"重实践,强化法学教育之要""要着力强化实践教学,进一步提高法学专业实践教学学分比例,支持学生参与法律援助、自主创业等活动,积极探索实践教学的方式方法,切实提高实践教学的质量和效果……"由此可见,在"新法学"背景下,今后的法学教育改革中,法学实践教育的深化将是重要议题。

作为一门实用性较强的学科,实践教学是法学教育的重要组成部分,是确保人才质量的关键环节。实践教学的重要性在培养卓越法律人才过程中日益显现。早在2011年底正式启动的教育部"卓越法律人才教育培养计划"着力解决好的一个问题即建设法学教育实践平台。但当前,地方高等学校法学专业人才培养的主要问题突出反映在实践教学不足、实践教学薄弱方面,这就需要当前着力加强法学教育的实践教学建设,以提升人才的培养质量为核心,以提高人才的实践能力为重点,加大应用型、复合型、创新型法律人才的培养力度,培养、造就一批适应社会主义法治国家建设需要的卓越法律人才。地方高等学校法学本科专业人才培养实践教学的不足主要包括以下方面:

一、实践教学师资团队能力有限

法学是一门与社会紧密联系的实践性极强的科学,高质量的法学实践教学,离不开高质量的实践教学师资团队。然而,当前从校门到校门的人才引进模式,使得大多数法学教师实务工作经验不足,难以胜任。虽然有些长期从事律师、仲裁等实务工作的教师可以胜任实践教学指导工作,但由于学校安排的教学工作量偏大、科研任务偏重、实践教学的评价体系不尽合理等因素,这些教师往往不愿意从事实践教学指导工作。就教师评价体系而言,"重科研轻教学""重理论轻实践"的现象普

第二章 地方高校法学本科专业人才培养的不足

遍存在，在职称评定中表现得尤为突出；这些现象的存在导致教师将主要时间、精力投入科研，不重视实践教学的研究与改革。

在法学实践课程普及化程度不断加强的前提下，各高校却普遍存在缺乏高深资历专业教师的情况，并且这一窘境已经严重威胁到了教学效果和教学质量，其中一名教师带几十名学生的现象普遍存在，这使得法学教育缺乏针对性和实效性。法学实践中教学师资团队的能力与需求之间存在一定的不匹配问题。究其原因如下：其一，师资结构与需求不匹配。一些法学院校在聘请教师时，可能更注重其学术背景和研究能力，而对于实践经验和专业能力的要求较低，这导致了教师队伍中缺乏实践经验丰富的专业人士，难以为学生提供实践教学的指导和支持。其二，教学方法局限。传统的法学教育注重理论知识的灌输，忽视了实践教学的重要性，而实践教学需要教师具备一定的实践经验和教学方法，能够将理论知识与实际应用相结合，以培养学生的实践能力和专业素养。其三，师资培养机制不完善。一些法学院校针对教师设置的培养和发展机制较为薄弱，缺乏有效的培训和提升渠道，使得教师在实践教学能力方面得到的支持和培训有限，难以不断提升自身的实践教学能力。其四，教学绩效管理奖惩制度缺乏合理性，容易使得部分教师缺乏成就感，打消其指导法学专业学生学习实践的积极性。

校内教师的实践经验尚待增强，校外导师兼职授课的制度尚未形成。目前，从各法学院师资的整体情况来看，校内教师的实践经验存有不足，其主要原因之一在于各校都非常强调教师科研，发表文章、获得课题的多少直接决定着教师的职称晋升和岗位津贴的多寡，形成了不鼓励教师兼职从事实务的倾向，使教师必须将主要精力用于学术研究，无暇积累实践经验。各法学院虽然派了或将派一些教师到实务部门挂职，但能获得这种机会的教师毕竟很少，所以对教师队伍整体实践经验的积累作用目前尚不明显。同时，虽然各校也大都聘请了实务部门的人员做兼职教授或兼职导师，但由于对他们的权责规定不明确，缺乏相关制度，兼职教授的作用仅限于偶尔作个讲座，兼职导师的作用仅限于提供实习机会，鲜有校外兼职教师定期讲授特定实务课程的情形，因而对各法学院整体师资实践教学能力的提升作用目前还不大。

"新文科""新法学"建设背景下，实践教师信息素养弱，与新文科发展理念难以匹配，具体体现在以下三个方面：其一，教师背景与专业需求不匹配。传统的法学教育注重理论知识的传授，而新兴的实践教学方法要求教师具备实践经验和专业能力。然而，在某些情况下，教师队伍中缺乏具备实践经验的专业人士，这对于满足新文科实践教学的需求形成了挑战。"新文科""新法学"建设的主体是教师，教师信息素养能力直接决定着新文科发展的质效。当前的大多数实践教师都是在学校传统教学环境中成长、发展起来的，与司法实务接触较少，对智慧司法应用、信息知识和技术不熟悉，加上学校缺乏相关的信息环境，教师没有突破和创新教学模式的意识，信息化教学准备能力、实施能力、评价能力普遍较弱，这些都严重限制了教师实践教学能力的提高。其二，缺乏实践教学的培训和支持。在实践教学方面，教师需要具备一定的实践经验和教学方法，然而，目前很多法学院校缺乏有效的实践教学培训和支持，这就限制了教师在实践教学方面的能力的提升。其三，课程设置与实践教学融合度不高。传统法学教育课程主要注重理论和法律知识的传授，对实践教学的整合程度有限。因此，教师可能缺乏在教学中灵活运用实践教学方法的能力。

二、实践教学课程体系建设滞后

我国高等法律院系的课程设置和教学内容的安排与社会现实需求存在疏离现象。我国高等法律院系的课程设置必须以教育部颁布的教学计划为指导,各学校设置课程的自主权很小,这容易导致学校作为具体的教学实施单位在课程设置和教学内容上的层次性区分不明确。目前高校在法学本科专业的课程设置上,一般将法理学、法律史、宪法等作为基础理论,安排在入学之初学习,其他部门法在以后的各学期中分门别类安排。教学过程中,无论是基础课程的教学还是部门法的教学,一般都以理论教学为主,侧重概念的解释、原理的阐释和理论的罗列。由于受到教学理念、教学资源、课程教学时数等多方面原因的影响,基础课程的教学难以实现对学生良好的法律观念、系统的法律哲学知识、秉持正义的法律精神和宽厚的人文社会科学功底的培养;部门法的教学也难以做到引导学生思考法律在何种条件下产生、在何种条件下适用以及如何发生作用等实际问题,难以有充足的时间对学生进行运用部门法技巧和技能的训练。相比于课堂理论教学,实践教学在课程的指导思想、课程的具体实施内容、课程的教学安排、课程的考核与监控、课程的教师配备与教材建设等方面均未形成完整的体系。实践教学课程体系建设滞后主要表现在以下方面:

首先,实践教学课程体系建设的指导思想尚未明确,无法对实践教学起到具体的指引作用。法学专业的毕业生究竟应该具备哪些具体的实践能力和经验,这些能力和经验在本科教学中如何进行培养目前并没有定论。学校往往在现有条件下因地制宜开展一些投入较少、简便易行的实践教学,但对这些课程在培养学生实践能力方面能起到多少作用,难以考虑太多。

其次，法学实践教学流于形式，课程设计缺失。法学实践教学已经提出十几年，但是实践育人的理念仍然没有在我国高校的法学教学中深入人心，没有得到很好贯彻和实施。当前，很多高校的科研水平是评估体系中重要的指标之一，在强大的科研压力之下，很少有教师会把心思放在学术研究上，很多法学实践课程都流于形式，甚至在课程设计上没有法学实践课程。很多法学专业的学生在应试教育的氛围中，只是认为考试得高分就可以，对于法学实践课程参与的积极性不高，甚至在专门的法学实践课程中忙于其他考试，对法学实践课程置之不理。

再次，在新文科背景下，法学实践课程体系的设置存在不合理之处，主要体现在以下方面：其一，实践课程缺乏多样性。传统的法学实践课程主要侧重模拟法庭和法律实习等传统形式的实践活动，但在新文科背景下，需要更加多样化的实践课程设置，如实践案例分析、团队项目合作、社区法律服务等方面的实践活动。其二，缺乏与行业需求的连接。实践课程应该与法律行业的需求相对应，以培养符合行业要求的专业人才，但部分课程设置未能紧密结合行业需求，导致毕业生在实际工作中面临适应困难。其三，实践课程与理论课程脱节。实践课程与理论课程之间的衔接度不足，导致学生难以将所学的理论知识应用到实践中，这在新文科背景下尤为突出，因为实践教学应该是理论知识的应用和延伸。其四，缺乏与社会问题的连接。在新文科背景下，实践课程应该更加关注社会问题和现实挑战，但部分实践课程与社会问题之间的联系不够紧密，导致学生对实际社会问题的理解和解决能力不足。总之，在"新文科""新法学"背景下，法学实践课程设置不合理的状况更加明显，难以满足新文科发展"创新"的内涵建设。《法学类教学质量国家标准（2021年版）》把法学核心课程从"10+X"分类设置修

第二章 地方高校法学本科专业人才培养的不足

改为"1+10+X"的模式,更加灵活和科学,部分法学院校还结合学校优势专业开设诸多特色课程,如法律+医学、法律+审计、法律+金融等。该标准要求理论教学中必须设置实践教学环节,已经开始凸显了法学实践的重要性,但从整体考量,实践课程设置尚缺乏体系性,如法律数据检索、司法云工具应用、法律虚拟仿真课程、法庭科学实验课程等和实务需求以及时代的需求契合度高的课程还有待进一步融入法学实践课程体系。

最后,实践教学的质量监控措施不到位,学校对教师的教学过程和效果难以进行客观公正的评价,无法进行有效监督,具体体现在以下方面:其一,缺乏有效的评估机制。一些法学院校在实践教学环节中缺乏有效的评估机制,无法准确评估学生的实践能力和专业素养。为了解决这个问题,学校可以建立明确的评估标准和评估方法,例如基于评估表、案例分析、实际项目成果等多种形式进行评估,以全面、客观地评估学生的实践表现。其二,师资培训与指导支持不足。一些教师缺乏实践教学的培训和指导支持,这导致他们在实践教学中的能力和水平有限。为了提高教师的实践教学质量,学校可以组织教师培训和经验分享会,邀请实践教学的专家进行指导,并设立教学指导小组或专家团队,为教师提供及时的专业指导和支持。其三,学生反馈和参与度不够。学生在实践教学中的反馈和参与有时不够充分。学校可以建立有效的反馈机制,鼓励学生提供实践教学的意见和建议,并积极参与课程设计和活动的决策过程,以确保学生的声音被充分听取和采纳。其四,质量监控体系不完善。一些法学院校缺乏完善的质量监控体系,无法对实践教学的质量进行有效的监控和改进。学校可以建立定期的评估和审查机制,采集学生和教师的反馈意见,并及时进行数据分析和改进措施的制定,以推动实践教学质量的提升。总之,通过加强评估机制、提供师资培训与指导支持、增强学生参与度和建立完善的质量监控体系，可以不断提高法学实践教学的质量，确保学生获得优质的实践教育经验，并能够更好地适应实际工作需求。

总之，当前法学实践课程体系建设滞后，与应用型、创新型、复合型契合度不够，无法适应高阶法治人才的培养需求。

三、实践教学资源短缺

物质资源层面，实践教学资源投入有限，模拟法庭、法学实习基地建设流于形式；人力资源层面，法学专业实践教师水平参差不齐，这些状况直接影响了实践教学效果。本书前面部分已经对法学实践教学师资的缺乏进行了阐述，故而，本部分仅就法学实践教学物质资源缺少分两部分进行分析：

一方面，忽视法学实践教学的独立性和重要性，教学资源投入严重不足。法学实践教学资源投入严重不足表现为以下几个方面：其一，缺乏实践教学场所和设备。部分学校法学专业没有专门的实践教学中心或实验室，无法提供适合的场所和设备供学生进行实践活动，如模拟法庭、实地调研等。其二，师资队伍相对薄弱。学校没有足够数量和质量的教师和指导员参与法学实践教学，导致教师无法提供充分的指导和支持，学生缺乏专业实践经验的指导。其三，实践课程设置不合理。学校课程体系中缺乏重视实践教学的课程或实践环节，导致学生无法接受到系统的实践培训，无法在实际问题中应用所学知识。其四，社会资源合作不充分。学校与法院、律师事务所、企事业单位等合作机会有限，无法提供足够的实习或实践机会给学生，使得学生难以获得真实的实践经验。其五，教学资金和经费匮乏。物质资源是法学专业开展实践教学的基础和保障，校

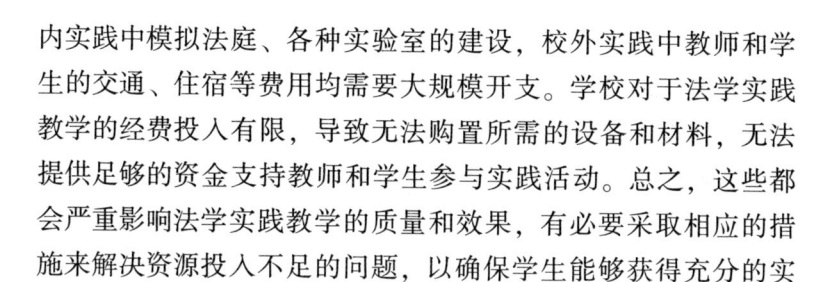

第二章 地方高校法学本科专业人才培养的不足

内实践中模拟法庭、各种实验室的建设，校外实践中教师和学生的交通、住宿等费用均需要大规模开支。学校对于法学实践教学的经费投入有限，导致无法购置所需的设备和材料，无法提供足够的资金支持教师和学生参与实践活动。总之，这些都会严重影响法学实践教学的质量和效果，有必要采取相应的措施来解决资源投入不足的问题，以确保学生能够获得充分的实践培训和指导。

另一方面，实践基地形式化。法学实践基地既是法律专业学生锻炼实践能力的载体和平台，也是高校和教师实施法学实践教学的重要舞台，但法学实践基地存在严重的形式化问题。校外实践基地建设存在的主要问题在于：实践基地面窄，除了法院、检察院、律师事务所外，很少有将公司、企业、银行、行政执法部门作为实习基地的，不能满足培养应用型、复合型法律职业人才的需要；与建立了实践基地的单位缺少深度合作，未能形成双向交流和联合培养机制；经费支持不足，大多数院校由于财力有限，并没有实践基地建设经费。总体上看，没有形成良好的实践基地运作机制。

法学实践资源的缺乏影响了学生的实践教学效果。实践教学与实际需求脱节，实践教学内容和方式与实际的法学实践需求脱节，导致学生在实践中遇到困难和挫折，并且无法形成与实际工作环境相适应的能力。这可以从以下两个方面寻求原因：一方面，学生实践经验不足，应用能力不强，对法律实践的兴趣不高。学生在实践环节中无法有效地应用所学的法律理论知识解决实际问题，缺乏实际操作能力；学生参与的实践活动较少，无法积累丰富的实践经验和案例分析能力，缺乏对实际工作环境的了解。由于缺乏实践教学的体验和激发，学生对法律实践的兴趣可能不高，无法真正体会到实践的重要性和价值。

另一方面，教师指导不到位。由于师资队伍的限制或其他因素，教师对学生的实践活动指导可能不够全面和深入，导致学生无法获得有效的指导和反馈。总之，这些都反映了法学实践教学效果不明显的问题。为解决这些问题，可以加强实践教学环节的设计和指导，提供更多的实践机会和案例引导，培养学生的实践能力和解决问题的能力。同时，也需要教师和学校注重评估和反馈机制，不断改进和优化实践教学的效果。

四、实践教学方法难以适应需要

我国法律人才培养在内容上，普遍存在注重知识的灌输而忽视实践能力培养的缺憾，主要表现在以下三个方面：

第一，在教学方法上采用传统的填鸭式、说教式授课方式。通常是教师读教案，学生记笔记，考试时背笔记。这种教学方式可以使学生系统地掌握该课程的基本概念、原则和知识，但却不能培养学生的创新精神和实践能力，容易导致学生成为只是被动接受知识和记忆知识的机器，而没有做到传授知识与训练学生能力并重，人为地割裂了理论与实践的关联。我国著名法学家芮沐教授在民国初期就曾指出："本国各学校法科着重知识的灌输而不及方法的传授，此端为本国法律教育最大弊端。我国法学教育的经典模式是讲授式的课堂教学模式，偏重理论知识的传授，对学生实践能力的培养不足。"德国著名哲学家哈贝马斯指出："法是一身兼二任的东西，它既是知识系统，又是行动系统。"这个论断精辟地阐明了法学是一门应用性很强的综合学科，它要求法学专业学生在接受法学教育的过程中必须养成能够将法律专业知识与法律实践有机结合的能力。反观我国长期以来的法学本科教育模式，虽然逐步引入了案例教学、诊所教学和模拟法庭等实践教学方法，但在法学教学模式的整体

第二章 地方高校法学本科专业人才培养的不足

构建上,对在整个法学教育过程中如何实现实践教学与理论教学相互衔接、相互支撑,最终实现使法学专业学生既具备较为过硬的法律知识和相关学科知识的素养,又具备符合社会需要的法律实务技能和实践运用法律的思维能力这一目标缺乏综合的考虑。上述法学传统教育模式的不足,导致大量法学院系的毕业生难以胜任和适应具体的法律实务,且自身能力与社会的实际要求具有一定的差距。这与前文所述的卓越法治人才的培养目标呈现出了较大的差距。因此,要针对我国传统的法学教学模式进行改进,在法学教学上,亟须引入有利于学生的实践技能提升的实践教学模式。因此,如何结合"卓越法治人才"培养方案中提出的目标,对我国传统的法学教学模式予以改进,是承担"卓越法治人才"培养任务的高等院校必须认真思考的问题。

第二,法学实践教学方法和教学形式单一。我国很多高校的法学专业的课程设置中,很大一部分都是理论课程,法学实践课程的占比很小。地方高校法学教学中安排了实践环节,如实习、案例教学、观摩审判、模拟法庭等,但效果未尽如人意。原本作为主要实践教学环节的实习,目的是使学生掌握实践工作技能,提高理论应用于实践的能力。但基于就业压力,大多数学生选择敷衍实习,积极准备考研或考公考编等考试。重视理论而忽视实践的情况严重。教学过程中过于强调理论知识传授,忽视了实践环节的重要性。学生只是被动地接受理论知识,而缺乏实际操作和应用的机会。实践教学方法和形式单一,具体表现在以下方面:其一,缺乏多样化的实践活动。教学内容主要以课堂讲授、书本阅读为主,缺乏与实际工作环境相结合的实践活动,如模拟案例分析、律师角色扮演、实地考察等。其二,忽视技能培养。教学过程中过于注重知识传授,而忽视了基本的法律技能培养,如法律文书写作、辩论技巧、法庭演讲等，使得学生在实践中应用所学知识时缺乏必要的实际操作能力。其三，缺乏创新方法。教师使用的教学方法相对单一，缺乏创新和多样化，缺乏引入新技术、在线教学平台、互动式教学等方法的尝试。其四，忽视个体差异。教学过程中忽视了学生个体差异，没有根据学生的不同需求和兴趣提供个性化的实践教学活动。为解决这些问题，需要考虑采取以下措施：引入多种实践教学形式，如案例分析、模拟法庭辩论、实地调研、实习等，以提供更丰富的实践经验。另外，注重技能培养。将法学实践教学与实际法律工作密切结合，注重培养学生的法律实践能力和解决问题的能力。进一步引入创新方法和技术，突出个性化教学。积极引入新技术、在线教学平台等，丰富教学手段，提高教学效果和学生参与度；充分考虑学生个体差异，灵活调整实践教学活动，满足不同学生的需求和兴趣。通过采取上述措施，可以弥补法学实践教学形式和方法单一导致的问题，提升实践教学的质量和效果。

第三，法学实践教学手段与现代教育技术脱节。教学过程中主要使用传统的讲授和演示方式，忽略了现代教育技术的应用，缺乏利用多媒体、互动式教学工具等现代技术手段来提升实践教学效果。缺乏在线学习平台，忽视社交媒体，实践教学设备不足。缺乏在线学习平台或在线资源，无法提供在线交流、学习资源共享、课程辅助资料等，限制了学生的学习方式和学习效果；缺乏现代化的实践教学设备，如虚拟实验室、模拟庭审系统等，使得学生无法充分体验实际法律工作环境，限制了他们的实践能力培养；忽视了社交媒体等新兴媒体平台在实践教学中的应用，这些平台可以促进学生之间的合作和交流，并且与实际法律实践相结合，提供更广阔的教学空间；缺乏个性化学习。没有利用现代教育技术提供个性化学习的机会，无法

第二章 地方高校法学本科专业人才培养的不足

根据学生的不同需求和兴趣进行定制化的教学，限制了学生的学习效果和兴趣。为解决这些问题，可以从以下方面着手：一方面，增加实践教学设备投入，引入现代教育技术。利用多媒体、在线学习平台等现代教育技术手段，丰富实践教学的形式和内容。增加投资，提供更先进的设备和工具，如虚拟实验室、模拟庭审系统等，以提升实践教学的质量和效果。另一方面，利用社交媒体平台，开展个性化学习和反馈机制。充分利用社交媒体等新兴媒体平台，促进学生之间的互动和合作，扩展实践教学的范围。借助现代教育技术，提供个性化的学习资源和反馈机制，以满足不同学生的学习需求和兴趣。通过与现代教育技术的结合，可以弥补法学实践教学手段与现代教育技术脱节的问题，提升实践教学的创新性和有效性。

五、实践教学过程形式化

由于实践教学过程认识不足和组织不力等各种因素的制约，实践教学经常流于表面化、形式化，学生参与度不够，收效不大，如在案例教学上，选择的案例过于简单，缺少应有的针对性、典型性、复杂性、探讨性。实践教学过程按照固定的流程和步骤进行，缺乏灵活性和个性化。教师和学生在实践环节中严格按照既定的要求和程序进行，缺少创新和自主性。实践过程强调程序而忽视探索精神的培养。实践教学过程过于注重执行和完成任务的程序，而忽略了学生对问题的深入思考和探索。学生可能只是被要求按部就班地完成任务，而没有机会提出独立的观点和解决方案。实践教学过程缺乏变化和创新，出现重复的实践任务和相似的实践经验，使学生的实际学习效果降低。实践教学过程中评价标准较为单一，主要侧重任务完成情况，忽略了学生的思考能力、解决问题的创新性等其他方面的评价。

实践教学过程中学生之间的互动和教师对学生的反馈较少。教师主导教学过程，学生的角色更多是被动接受者，缺乏积极参与和互动的机会。为解决这些问题，可以考虑采取以下措施：首先，强调互动与合作，提倡灵活性和个性化。促进学生之间的互动和合作，鼓励讨论、分享和团队合作，营造积极互动的实践教学氛围。给学生提供更多自主探索和创新的机会，鼓励他们在实践中提出独立的观点和解决方案。其次，制定多元化的评价标准。除了任务完成情况外，应考虑学生的思考能力、解决问题的创新性等方面的评价，给予学生全面而多样化的评价。最后，创新实践任务。设计具有挑战性和创新性的实践任务，避免重复和单一的实践经验，以激发学生的创新思维和实践能力。通过以上措施的实施，可以减少法学实践教学过程的形式化倾向，提高实践教学的灵活性和质量。

大数据背景下，大数据、人工智能、区块链等新兴科技的发展在全世界的司法领域都推动了一场司法的"智慧"转向，法学实践教学如果固守成规，过程的形式化问题将更加突出。智慧司法的发展给法学实践教学过程提出了挑战。其一，技术更新速度加快。智慧司法领域的技术不断更新迭代，法学教师需要不断学习和适应新技术，以提供与时俱进的实践教学内容。其二，提升教师专业能力。智慧司法要求教师具备更广泛的知识和技能，如信息技术、大数据分析等方面的专业知识，需要教师不断提升自己的专业能力。其三，加大教学资源投入。智慧司法教学需要更多的技术设备和资源投入，包括虚拟实验室、在线学习平台等，这对学校和教育部门提出了更高的要求。智慧司法的发展给法学实践教学过程提出挑战的同时，也给其提供了契机。其一，增强了实践体验。智慧司法的发展为学生提供了更真实、多样化的实践体验，如模拟庭审系统、虚拟法庭

第二章 地方高校法学本科专业人才培养的不足

等，使学生能够更好地理解和应用法律知识。其二，促进了跨界合作与创新。智慧司法的发展促进了法学与其他领域的跨界合作，如人工智能、数据分析等，为教师和学生提供了更广泛的学术交流和合作机会。其三，为远程教学与在线资源以及个性化学习提供支持。智慧司法技术支持远程教学和在线资源共享，打破了时空限制，使法学实践教学更加灵活和便捷。智慧司法技术可以提供个性化的学习支持，根据学生的学习情况和需求进行定制化的教学，提高学习效果和满意度。通过充分利用智慧司法的机会，创新实践教学的形式和方法，可以提升法学实践教学的质量和效果，培养具有创新思维和实践能力的法学人才。

实践教学流于形式的原因主要在于法学实践教学观念未深入人心。早在2005年，张文显教授就提出了"实践育人"的理念，即以学生在课堂上获得的理论知识和间接经验为基础，通过激发学生课外自我教育和相互教育的热情和兴趣，开展与学生健康成长密切相关的各种应用性、综合性、导向性的实践活动，加强对学生的思想政治教育并促进他们形成高尚品格、祖国观念、人民观念、创新精神、实践能力的新型育人方式。但这至今未能有效深入人心。法学实践教学的主要目的在于提升学生的实践技能，但在考核学生实践成效方法上往往遵循传统试卷式考核，难以让学生真正感受到实践教学的特性和价值，很多学生不愿意花费时间和精力参与实践教学，即使参与也往往是应付了事；[1]同样，对实践教师的考核也存在弊端。与理论教学相比，实践教学的效果不明显，甚至有些成果需要较长

---

[1] 房绍坤：《我国法学实践教学存在的问题及对策》，载《人民法治》2018年第16期，第79页。

的时间才能得到体现,在目前高校之间、专业之间以就业率、考研成功率、司法考试通过率等数据进行比较的形势之下自然无法得到校方的足够重视。对于一线教师来说,理论教学可以通过教学方法的展示、教学成果的运用获得同行、学校的认可,而实践教学需要投入大量的时间和精力,成果反而无法在短时间内显现,因此难以被给予足够重视。

六、实践教学评价落后

据联合国教育、科学及文化组织于 2013 年公布的数据,21 世纪前十年,发展中国家与发达国家在人才培养方面的差距呈扩大化趋势,大多数发展中国家正面临教育质量危机,我国亦然。近些年来,许多发达国家和国际组织把改革教育质量评价作为诊断教育问题以期完善教育政策、改进教育教学的重要举措,已经取得了良好的效果。当前我国亦把教学评价视为加强学校教学管理、提高教学质量的重要举措。卫生法学作为交叉了医学的法学专业中的人才培养方向,也充分地反映出传统法学专业人才培养的实践教学评价的落后。《卫生法学》课程是很多高等院校,尤其是医学院校学生的必修课,但其教学评价存在诸多缺陷,使得这一课程的实际教学效果差强人意。在《卫生法学》课程的教学过程中,教学评价的改革应提上日程。随着大数据时代的到来,大数据技术的应用亦使得《卫生法学》课程的教学评价改革凸显了新的契机,但《卫生法学》课程的教学评价存在诸多缺陷:

首先,实践教学评价标准落后。《卫生法学》课程的教学评价标准是教学质量评价的一把"尺子",其起的主要作用是对是否按质量保证标准的要求建立了质量保证体系,该保证体系是否得以有效运行,运行结果能否满足社会质量标准要求等进行

第二章 地方高校法学本科专业人才培养的不足

评价,分为质性评价标准和量化评价标准两大类型。质性评价强调在教学情境中收集关于评价对象发展状况的丰富资料,用描述性、情感性语言对评价对象作出评定,更多侧重使用观察法、档案袋评价、评语法、访谈法等方法。而量化评价是指主要通过收集数量化资料信息并运用数学分析方法得出结论的评价,多通过测验、考试等方法对评价对象予以甄别、鉴定和区分。我国现阶段对《卫生法学》课程的教学评价仍以质性评价标准为主,这种评价标准对各个学校《卫生法学》课程的基本教学条件、基本教学管理和基本教学质量等方面的评价较为概括,缺乏数据信息支持,容易先入为主。另受客观条件限制,这一质性评价标准对卫生法学应用型人才培养的能力、《卫生法学》课程教学改革以及内部质量保障体系建设等难以衡量的因素尚存在众多界定模糊的问题,难以形成可操作衡量的量化指标,对该课程的教学评价缺乏全面、客观性。

其次,实践教学评价形式滞后。对《卫生法学》课程教学质量评价有两种形式,一种是结果性评价,另一种是过程性评价。结果性评价更多地考查《卫生法学》课程教学的结果和成绩,而过程性评价侧重考查《卫生法学》课程的教学、学习的过程。由于在传统的以教师单方面填鸭式为主的教学中,教和学的过程难以测量和评估,考试作为长期以来惯用的结果性评价方式,在《卫生法学》课程教学评价中起到了强烈的质量监控作用,但这一方式缺乏对学生实践分析能力和运用知识能力以及实际操作能力的考评。考试出题一般以对基础知识记忆的考核为主,主要考查学生对基础知识的记忆和把握程度,涉及理论的实践运用以及案例的分析和价值的理解等题目较少,难以实现对学生综合能力的考核,结果性评价形式对于学习者的促进反思、诊断分析以及有效指引的作用被无形弱化。实际上,在《卫生法学》课程的评价体系里，作为结果性评价的主要形式的考试已饱受诟病。就考查基础知识的掌握而言，结果性评价确实是一种不错的公平测评方法，但其对于学生分析问题和解决实际问题的能力的检测，以及对于学生毕业入职后的社会适应性的分析指引都存在严重的漏洞，不利于学生整体素质的提高。

最后，实践教学评价体系缺失。长期以来，《卫生法学》课程的教学评价活动主要是学校以及上级主管部门在听课和学生考试成绩的基础上对任课教师进行评价，或者教师根据学生的考试成绩和作业成绩以及课堂表现等对学生进行评价。[1]这一单方面、单主体的教学评价体系存在诸多问题。其一，教学考核方式单一。教师评价是对教学评价效果进行考核和评估的重要方式，有效的教师评价机制有利于教师教学能力的提高，亦有利于激励、增强学生的学习能力。传统的《卫生法学》课程，教师评价过于单一，仅以考试成绩作为评价标准。其二，学生在《卫生法学》课程教学评价活动中参与度低，主体作用难以得到体现，教学评价过于重视教师对学生的教学考核。其三，学校对《卫生法学》课程的教学评价以督导评价为主，教育主管部门对学校课程的评价又难以全面顾及不同层次、不同学科的高等教育学校的办学理念、育人目标的差异，这种单一的质量评价难以调动师生参与的积极性，使得高等教育学校建设和卫生法学的人才培养陷入同质化困境，难以实现培养高质量的卫生法学人才的终极目标。其四，对高等学校卫生法学人才培养质量的社会评价主要是以高等学校毕业生的质量为评价依据，

---

[1] 陈振华：《教学评价中存在的问题及反思》，载《教育发展研究》2009年第18期，第84页。

第二章 地方高校法学本科专业人才培养的不足

即考核、评价毕业生能否很好地适应整个社会、国家的需求。传统的《卫生法学》课程由于上述教学过程和教学实施方面等的不足，使得学生缺乏学习的主动性，难以达到培养学生综合能力和素质的要求。而且实践中用人单位的广泛性和分散性亦使得高校难以对毕业生进行入职后的跟踪评价，反馈的信息难以真实、全面。

第三章
法学专业构建"政产学研用协同育人机制"的必要性

习近平总书记在中央全面深化改革委员会第二十三次会议上的讲话中强调,高校要牢牢抓住人才培养这个关键,深化科教融合育人。[1]教育部、中共中央政法委员会《关于坚持德法兼修实施卓越法治人才教育培养计划2.0的意见》也把"深协同,破除培养机制壁垒"列入卓越法治人才教育培养的改革任务和重点举措。复合型法治人才的培养必须打破以高校法学院为单一培养机构的方式,建设具有多学科融合、多部门协同特点的育人平台和保障机制,切实发挥政府部门、法院、检察院、律师事务所、企业等在人才培养中的作用。[2]应对中国特色社会主义新时代对法学教学的挑战,顺应"新文科""新法学""卓越法治人才教育培养计划2.0"的要求,为了扭转当前法学本科专业人才培养方面的不足和弊端,尤其反映在学生实践能力薄弱等方面,法学专业"政产学研用协同育人机制"提上

---

〔1〕《习近平主持召开中央全面深化改革委员会第二十三次会议强调 加快建设全国统一大市场提高政府监管效能 深入推进世界一流大学和一流学科建设 李克强王沪宁韩正出席》,载《人民日报》2021年12月18日。
〔2〕叶青、王晓骊、寿新宝:《以书院制为依托的新法科建设探索——新文科视野下的卓越法治人才培养》,载《新文科教育研究》2022年第1期,第15页。

第三章 法学专业构建"政产学研用协同育人机制"的必要性

日程。

法学政产学研用协同育人机制是指政府、产业部门、高校、研究机构和用人单位多方力量和多方领域之间结合起来，合作共建的教育培养体系。政产学研用协同育人是一种合作模式，旨在促进政府、产业部门、高校、研究机构和用人单位多方力量结合起来在人才培养方面进行合作，共同培养具有实践能力和创新精神的法学高素质人才。这种模式可以提供政策支持，推动产业部门、高校、研究机构等各方面加强合作，可以有效地整合各方资源，共同推进人才培养工作，提高人才培养的质量和效率。在法学专业"政产学研用协同育人机制"中，各方各自发挥自身的优势共同实现应用型法学专业学生的培养目标。产业部门可以为人才培养提供实践场所，提高学生的实践能力；高校可以结合自身的专业特点，与产业部门、研究机构等各方面加强合作，共同开发课程、编写教材、设计实践项目等，提高人才培养的针对性和实用性；研究机构可以提供前沿研究成果和科研项目，帮助学生了解行业发展趋势和前沿技术；用人单位可以提供实践机会，提高学生的就业竞争力。通过政产学研用协同育人，可以更好地满足社会对人才的需求，提高人才培养的质量和效率，促进经济发展和社会进步。同时，这种模式也可以促进各方的交流和合作，推动整个行业的发展和创新。法学专业"政产学研用协同育人机制"建设过程中，应用型、实践型、创新型的人才培养至关重要。实践是法学产生的源泉，能促进法学发展。实践平台构建的重要性在培养卓越法治人才过程中日益显现。作为一门实用性较强的学科，实践教学是法学教育的重要组成部分，是确保人才质量的关键环节。

一、应用型法律人才培养是法学教育的改革方向

实践性是法学教育的基本精神，法学教育的生命力植根于实践性。应用型法律人才培养是法学教育的改革方向主要基于以下几个原因：

首先，培养应用型法律人才是促进社会发展的需要。随着社会、科技、经济等领域的不断变革与进步，法学教育也需要与时俱进。应用型法律人才能够适应时代发展的需求，掌握新技术、新观念，增强学生的综合素质和竞争力。社会对应用型法律人才的需求日益增长，传统的法学教育注重理论研究和学术思辨，但在实际工作中需要具备实际操作能力、解决问题的能力以及与不同利益相关方进行协商和沟通的能力。应用型法律人才能够为社会提供更好的法律服务和解决方案，推动社会公平正义、维护社会秩序和经济发展等目标的实现。作为地方本科院校，主要承担着为地方经济社会发展培养应用型人才的任务，因此要根据地方经济社会发展对人才的实际需求，确立人才培养的目标、规格，并对学生进行有针对性的培养。总之，培养应用型法律人才能够更好地满足社会对法律专业人才的实际需求，使得学生具备解决实际问题的能力，能够在法律实践中有效地运用所学知识和技能，为社会提供实际的法律服务。

其次，培养应用型法律人才是提升法学教育质量的必然方式。以应用为导向的法学教育能够更好地激发学生的学习兴趣和动力，增强学生的实践能力和解决问题的能力，从而提高教育质量和培养出更具竞争力的法学人才。一方面，应用型法律人才培养注重实践能力的培养，不仅关注法律理论的掌握，还强调实际操作和解决问题的能力，使得学生能够更好地理解和应用法律知识，提高专业素质和能力水平。应用型法律人才培

第三章 法学专业构建"政产学研用协同育人机制"的必要性

养注重解决问题的能力的培养,能够激发学生的学习兴趣和动力。学生通过实践活动,亲身体验法律工作的实际情境,能够更好地理解法律理论,并将其应用于实际情境中。另一方面,应用型法律人才培养需要在课程设置、教学方法和评价方式等方面进行改革,促使教育者加强对实践环节的关注,提供更多实践机会,从而加强教学的系统性和连贯性。总之,通过培养应用型法律人才,可以提升法学教育质量,更好地满足社会对法学专业人才的需求,同时激发学生的学习兴趣和动力,使其具备应对实际问题和挑战的能力。这是提升法学教育质量的必然方式。

再次,培养应用型法律人才是适应法律行业变革的需要。随着科技和社会的发展,法律行业面临着新的挑战和机遇,如数字化、智能化、跨界化等。应用型法律人才具备适应变化的能力,能够灵活运用法学知识和技能应对新形势下的法律需求。其一,增强面对快速变化的法律环境的能力。随着社会经济、科技和国际关系的发展,法律环境不断变化。传统的法学教育注重理论知识的传授,无法满足现实需求。应用型法律人才能够更好地适应和应对这种变化。其二,提高实践能力和解决问题的能力。应用型法律人才应具备较强的实践技能和解决问题的能力。只有通过实践经验和实际案例的学习,才能培养学生的实践意识和实践操作能力,使其在实际工作中灵活运用法律知识解决问题。其三,促进创新和发展。应用型法律人才培养注重创新和发展,使得学生能够结合实践需求,主动创新法律服务模式和解决方案,推动法律行业的发展和进步。其四,适应司法技术的发展。随着智能科技的迅猛发展,司法领域也出现了智慧司法的趋势。应用型法律人才需要具备信息技术和数据分析等相关知识,能够灵活运用新技术,提高司法效率和质量。其五，强化社会责任感和专业道德。应用型法律人才培养强调社会责任感和专业道德，使得学生具备良好的职业素养和道德观念，在实践中能够坚守法律精神，为社会公正和法治建设作出贡献。通过培养应用型法律人才，可以更好地适应法律行业的变革需求，提高法律服务水平，推动法律实践与学理的结合，促进法学教育与实际工作的对接，实现法学人才培养与社会需求的有机结合。

最后，培养应用型法律人才是应对国际化竞争的要求。随着全球化的深入发展，国际交流和合作日益频繁。培养应用型法律人才能够增强毕业生的国际竞争力，使其更好地融入国际法律环境中。随着全球化进程加快，跨国公司、国际贸易、跨境投资等活动增多，对懂得国际法律规则、具备跨文化交流能力的法律人才需求日益增加，培养应用型法律人才提上日程。现代法律实践需要综合运用法律知识、商业理解、谈判技巧等多方面能力，培养应用型法律人才能更好地适应这种多元化要求；而且，跨国业务常常涉及多国法律体系，解决相关法律问题需要具备熟悉不同法律体系、具备独立分析和解决问题能力的法律人才。培养应用型法律人才能够促进法律服务国际化，提高国际竞争力。培养应用型法律人才有助于提升本国法律服务的国际化水平，吸引更多国际客户和项目，推动本国法律服务业的发展；而且，拥有应用型法律人才团队的国家或机构能更好地适应国际法律环境的变化，提高在国际竞争中的地位和影响力。因此，培养应用型法律人才是应对国际化竞争要求的重要举措，有助于适应全球化发展趋势，提升国家或机构在国际舞台上的竞争力和影响力。

综上所述，应用型法律人才培养是法学教育改革的方向，能够满足社会对实际操作能力强、解决问题能力强的法学人才的需求，提高教育质量，适应法律行业变革和国际化竞争的挑战。

二、实践应用能力培养是卓越法治人才培养的基本要求

传统的法学教育模式难以满足应用型、复合型、创新型法律人才培养的需要。我国法学高等教育始于20世纪初，其主要是学习与模仿，多数大学选择了欧洲国家法学院法学课程体系的设计思路。大多数教师在课堂上所讲授的主要是如何理解、阐释现有的法律条文以及各门课程的体系和基本理论，其目的是引导学生掌握系统的法律知识体系。这种"以教师为中心""以教材为中心""以课堂为中心"的封闭式教学模式重在传授法律知识，忽略了对实践能力的培养。重理论、轻实践的法学教育模式已经不能适应社会对于法律人才的需要。卓越法治人才培养着重要求培养实践能力，具体而言，包括以下三个方面：

（一）实践性是法治社会对法律人才的基本要求

党的二十大报告提出，到2035年，我国基本建成法治国家、法治政府、法治社会。2023年2月，中共中央办公厅、国务院办公厅印发《关于加强新时代法学教育和法学理论研究的意见》，为创新推进法学教育和法学理论研究工作提供了根本遵循，强调"做好法律职业和法学教育之间的有机衔接"，并进一步强调提升法学教育，强化法学实践教学，深化协同育人，推动法学院校与法治工作部门在人才培养方案制定、课程建设、教材建设、学生实习实训等环节深度衔接。2023年12月19日至21日，中央全面依法治国委员会办公室、司法部、教育部、中国法学会联合举办全国法学院校深入学习贯彻党的二十大精神和习近平法治思想专题培训班，强调高校要为建设中国特色社会主义法治体系、建设社会主义法治国家，为以中国式现代

化全面推进强国建设、民族复兴伟业提供坚实法治人才保障和理论支撑。鉴于此，法学专业已列入《急需学科专业引导发展清单（2022年）》。

首先，实践性的法学专业建设契合国家和地方发展需要。实现全面建成小康社会的目标需要坚持全面依法治国，全面依法治国是中国特色社会主义的本质要求和重要保障，是国家治理的一场深刻革命，必须坚持厉行法治，推进科学立法、严格执法、公正司法、全民守法。全面依法治国战略的实施必然需要大量法律人才的培养，为应对社会对法律及综合能力人才的需求，拓展复合型人才培养渠道，尤其是法律应用型、复合型人才的培养势在必行。

山东省在"全面优化法治营商环境及构建公共服务法律体系"建设过程中，对法律人才需求呈急剧上升趋势。烟台市作为法治山东建设的重点城市，经济社会发展处于全省前列，是山东省经济强市，是中国首批沿海开放城市之一，是环渤海经济圈内以及东北亚地区的国际性港城、商城、旅游城、国家历史文化名城、全国文明城市，2019年8月26日，中国（山东）自由贸易试验区（以下简称"山东自贸区"）烟台片区获批，标志着烟台市的改革开放正式进入"自贸时代"。山东自贸区烟台片区在聚焦制度创新、突出主题特色、形成更多有国际竞争力的制度优势进程中，在发展特色高端产业、加大招商引资、大力发展国际贸易、建设国际贸易强市的过程中，在努力打造贸易投资便利、金融服务完善、监管安全高效的制度优势行动中，都需要充足的法律人才队伍作为支撑。

山东自贸区建设要遵循法治路径，行政权力合法性审查方面区别于其他一般的行政区域，既要在合法的范围内行政，同时行政权力的运行要保障该区的经济发展，在进行合法性审查

第三章 法学专业构建"政产学研用协同育人机制"的必要性

时必须具有创新性相关行政法知识的法律人才加以支撑。同时，山东自贸区建设需要从单一产业模式发展到产业聚集模式，加大招商引资力度，大力发展国际贸易。其亟须既掌握经济、国际贸易等专业知识，又熟悉国际法、财税法、行政法、经济法等领域的复合型法律人才。当前，烟台市法律人才，特别是掌握法学和其他学科的复合型人才较为稀缺。鲁东大学与盈科律师事务所合作共建盈科法学院，着力培养应用型、复合型法律人才，是发挥高校专业结构和人才培养优势，充实烟台市法律人才队伍，助力烟台市法治建设、社会经济发展的有力措施。

其次，实践性的法学专业人才培养回应了法治人才存在的巨大缺口。随着全面依法治国战略的推进，以及法治国家、法治社会、法治政府三位一体建设的需要，对于法治人才的需求日益增加。随着员额制司法改革的持续推进，法官、检察官的工作量明显增加，亟须众多高素质的法律人才充实整个司法队伍。法治政府建设要求所有公务人员必须具备法律知识、法律素养、法治观念，而这同样需要法治人才的足量提供，并且是一种以法律专业为基础的复合型人才的足量提供。以律师行业为例，我国正处于建设法治国家的强劲阶段，高素质、专业化的律师队伍是建设具有中国特色的法治社会的迫切需要，律师是司法活动的重要参与者和法律职业共同体的重要组成。改革开放以来，我国律师数量逐年增加，律师队伍已形成较大规模，有关律师的法规制度体系也已基本形成，2018 年我国共有执业律师 42.3 万人，2019 年共有执业律师接近 50 万人，2022 年底已经突破 65 万人，但这些相对于我国 14 亿人口的现状及日常法律服务的需求仍然是杯水车薪。这不仅为我国法治人才的培养提出了量的需要，也提出了质的需要，复合型法律人才成为新的发展方向。

"应用型、复合型、创新型人才"是法学院法学专业人才培养的重要目标，其契合了目前国家应用型、复合型、创新型法律人才需求不断增加的现实。随着市场经济的不断发展，我国经济发展对高层次法律人才提出了更高水准、更为专业、更加全面的要求。在金融经济、知识经济高度发达的今天，出现了许多涉及经济、金融、法律等多学科的新问题，需要掌握两门以上专业技能的法律人才。新的经济金融形势呼唤新型法学人才的出现，特别是与投融资、互联网和新金融等经济发展形态相关联的金融实务对复合型法律人才有着巨大的需求。同时，现代社会经济发展存在着极大的风险，在新社会经济领域爆发了大量新的法律纠纷案件，较为充分地暴露出传统法学教育对新型纠纷诉讼的知识欠缺和防备缺乏，这就需要法学教育为经济发展提供大量合格的具备商经金融知识的复合型法律人才。因此，复合型的法律人才培养目标，是适应经济实际需求和解决就业难问题的重要方向之一。

　　最后，实践性的法学专业建设符合学校学科发展需要。鲁东大学是一所以文理工为主体、多学科协调发展的省属综合性大学。该校的办学定位是"教育教学特色鲜明、人才培养质量高，科学研究优势突出、服务社会能力强，省内一流、国内外有较大影响的高水平综合性大学"；2012年，成为首批"山东省应用型人才培养特色名校"、服务国家特殊需求博士人才培养项目单位；2014年，成功获批设立烟台市省属高校首个博士后科研流动站，成为山东省属院校拥有博士后科研流动站的11所院校之一；2017年，获批"全国创新创业典型经验高校"和"全国高校实践育人创新创业基地"。鲁东大学以建设应用型、有特色、国际化的高水平综合性大学为发展目标，为此，《鲁东大学"十三五"发展规划》特别强调准确定位应用型人才培养

第三章 法学专业构建"政产学研用协同育人机制"的必要性

规格,增强人才培养的社会适应性和针对性,并对法律人才培养提出了要求,要求贯彻高层次应用型人才培养模式,推进卓越律师培养。"应用性"是学校对法律人才培养的重要要求,然而,应用性不足也是当前法学院人才培养模式当中最为重要的短板,依靠当前模式无法满足学校实施应用型人才培养机制的要求。并且,法学学科是人文社科学科当中的"显学",特别是党的十八届四中全会召开后,全面推进依法治国迈入新阶段,法治实践需要大量法律人才,法学教育迎来了新的机遇。因此,该校围绕建设应用型、有特色、国际化高水平大学建设目标,围绕国家和区域发展重大战略需求,加强现有学科专业结构调整和布局优化,培育新增部分新兴交叉学科专业,推进学科专业一体化建设。同时,复合型法律人才的培养能够为学校整体的学科发展贡献力量,推进学校建设应用型、有特色、国际化的高水平综合性大学的战略布局。

综上所述,法学教育特别是法学本科教育的基本目标是培养从事法律工作的专门人才,这决定了法学教学的出发点和落脚点应该是学生的法律实践能力。实践能力的培养是培育创新型法律人才的关键。美国法学家霍尔姆斯曾指出:"法律的生命不是逻辑,而是经验。"我国著名法学家芮沐教授也精辟地指出:"法学是一门行为科学、实践科学。"因此,对于法科学生而言,固然需要系统地学习法学基础理论知识,但接受有效的、有特色的法学实践教学的训练更为重要。

(二)突出实践应用能力是培养法学人才的必然要求

首先,法学专业的特点要求突出实践应用能力,提升解决问题的能力。法学是一门注重实践操作的应用性专业,理论与实践密切相关。仅仅掌握理论知识远远不够,学生需要通过实践来运用法律知识解决现实问题,通过实际案例、法律实践等方式来理解和应用法律条文，培养实际操作能力。通过实践学习，学生能够培养解决问题的能力，不仅能够从理论上分析问题，更能够在实际操作中找到解决问题的方法。法学旨在解决社会生活中的法律问题，为实现社会公正和法治建设提供支持。因此，法学教育必须注重培养学生的实践应用能力，以使其能够在实际工作中理论联系实际、灵活运用法律知识。适应法律领域的要求也强调突出培养法学实践应用能力。法律领域是一个高度专业化和复杂的领域，需要从事法律工作的人员具备实践应用能力。只有通过实践经验和能力的培养，才能使法学人才真正适应法律行业的需求，更好地为社会提供法律服务。培养学生的实践应用能力能够强化学习效果，通过实践教学可以增强学生对法律知识的理解和掌握程度。在实践中，学生能够将在课堂学到的理论知识转化为实际操作能力，并加深对法律原理和规则的理解，提高学习效果的同时，能更好地巩固扎实的法学基础。培养学生的实践应用能力能够培养其综合素质和工作能力，提高其就业竞争力。实践应用能力不仅包括对法律知识的运用，还包括解决问题的能力、沟通协调能力以及团队合作能力等。通过实践教学，可以培养学生的创新思维、批判性思维和问题解决能力，使其具备较强的综合素质和执业能力。在法律行业中，优秀的实践应用能力是雇主普遍重视的因素之一。具备实践经验和能力的法学人才更容易获得就业机会，并且在职场中能够更好地适应和成长。通过突出培养学生的实践应用能力，法学教育能够更好地满足社会对法学人才的需求，提高学生的学习效果和综合素质，并增强他们的就业竞争力。这也有助于促进法学教育与实际工作的对接，推动法学教育与法律实践的有机结合。

其次，法学专业学生提高就业竞争力要求突出实践应用能

第三章 法学专业构建"政产学研用协同育人机制"的必要性

力。培养实践应用能力能够满足法学行业需求。法律行业对于法学人才的需求日益增加,雇主更倾向于招聘那些具备实践应用能力的毕业生。在具体工作中,法学专业学生需要能够熟练运用法律知识解决问题,具备实践经验和能力的学生更容易被雇主看重。另外,培养实践应用能力能够提高专业素养,培养综合能力,顺应行业发展趋势。实践应用能力的培养过程中,学生将接触到实际案例和具体问题,这有助于增强其在法律专业领域的专业素养。通过真实的实践情境,学生能够更好地理解法律知识的实际运用,培养解决问题和独立思考的能力,从而提高就业竞争力。实践应用能力的培养涉及沟通、团队合作、解决问题等多个方面,这些能力在职场中必不可少。拥有强大的实践应用能力的学生能够更好地适应工作环境,与同事和客户进行有效的沟通和协作,解决复杂问题,展现良好的职业素质,提高自身的综合能力。随着社会的不断变化和法律环境的快速发展,法学专业也在不断更新和调整。具备实践应用能力的学生更具有适应能力,能够更好地应对行业的发展变化,为未来的法律工作做好准备。总之,提高就业竞争力要求法学专业学生突出实践应用能力,这有助于满足行业需求,证明实践经验,提高专业素养,培养综合能力,并适应行业发展趋势。

最后,促进法学专业发展要求突出实践应用能力。具体包括以下原因:其一,培养实践应用能力有利于提高法学教育质量。实践应用能力的培养可以帮助学生更好地理解法律条文的实际运用,培养学生的实践应用能力,促进法学领域的发展和创新。传统的理论教学虽然能够提供学生所需的基础知识,但缺乏实际应用的训练。通过实践教学,学生能够将所学的理论知识运用到实际情境中,提高学习的深度和广度,增强对法律知识的理解和掌握。其二,培养实践应用能力有利于推动学科创新。学生通过实践活动,能够接触到真实的案例和问题,运用自己的知识和技能解决,这种实践经验可以激发学生产生全新的思考方式,提升解决问题的能力,推动法学学科的创新和发展。其三,培养实践应用能力有利于培养专业人才。法学专业需要培养具备实践应用能力的专业人才。实践应用能力是法学专业毕业生从事法律工作所必需的技能,包括在法院、律师事务所、法律咨询机构等实践场景中运用法律知识解决问题的能力,具备实践应用能力的学生更具吸引力,能够更快地适应实际工作环境并有能力胜任相关职位。其四,重视实践应用能力的培养有助于学校与社会建立更紧密的联系。通过实践教学,学生能够与实际工作场景接触,与雇主和从业者进行互动交流。这样的联系可以增加学校与社会的合作机会,为学生提供更多实习和就业的机会,使学校的法学专业更贴近行业需求和社会发展。因此,培养学生实践应用能力是促进法学专业发展的重要要求,可以适应社会发展需求,提高教育质量,推动学科创新,培养专业人才,并促进学校与社会之间的联系和合作。

(三)培养卓越法治人才亟须实践能力的提高

应对卓越法治人才培养的需要,法学人才教育的改革应当立足国情,突出培养应用型、复合型、创新型高阶法治人才。提高学生实践能力对培养卓越法治人才至关重要,主要原因包括以下几个方面:

首先,培养解决问题的能力,并有效应用已经学到的理论知识,有助于卓越法治人才的培养。实践能力培养学生解决实际问题的能力。在法治领域,学生需要具备分析问题、制定方案、实施措施的能力,这些能力只有通过实践才能得到锻炼和提升。另外,实践是理论的应用与检验。法治理论需要通过实践来验证其在实际情境中的适用性和有效性,只有将理论知识

第三章 法学专业构建"政产学研用协同育人机制"的必要性

应用到实际中,学生才能更好地理解法治原则和方法。改革开放以来,我国高等法学教育培养了大批法学人才,为依法治国、建设社会主义法治国家作出了重要贡献。但是,当前我国高等法学教育的人才培养工作还存在一些亟待解决的问题,特别是法学教育与法学实践之间脱节的问题突出。我国现行法学教育模式以课堂讲授为主,侧重理论知识的学习。法学专业学生就业率低,除了因为近三十年来法学专业招生人数大规模扩张,法学专业毕业生实践应用能力缺乏也是重要原因。因此,培养实践应用能力是卓越法治人才培养的基本要求。

其次,增强沟通交流技巧,提升自主学习和自我管理能力,有助于卓越法治人才的培养。法治人才需要与不同背景和利益相关方进行有效的沟通和交流。良好的沟通技巧可以帮助他们更好地理解他人观点,并清晰地表达自己的想法,促进合作、解决冲突,提高工作效率和质量。随着社会的不断发展,法学知识在不断更新和演变,法治人才需要具备自主学习的能力。通过培养自主学习能力,学生可以持续跟进最新的法律发展动态,并深入研究和分析问题,这有助于其成为具有创新思维和深度洞察力的法治专业人士。实践过程中,学生需要自主安排时间、管理资源、解决问题,这种自主性的学习方式能够培养学生的自我管理和学习能力,使得其能够高效组织自己的学习和工作,具备灵活应对挑战和压力的能力。良好的自我管理能力可以提高工作效率和质量,同时保持身心健康。另外,促进团队合作,培养领导能力。法治人才在实践中常常需要与其他专业人士合作,共同解决复杂的法律问题。通过培养良好的沟通能力、自主学习和自我管理能力,其能够更好地融入团队,并有效地协调和合作,从而促进协同作业和团队成员之间的协调性和合作性。卓越的法治人才往往具备良好的领导能力。通过培养自主学习和自我管理能力，学生能够更好地处理复杂问题，提出创新性解决方案，并引领团队朝着共同目标前进。这种领导能力对于法治人才在组织、社会和政府中发挥重要作用至关重要。

最后，增强责任感和使命感，这是卓越法治人才的应有之义。通过实践，学生能够深刻体会到法治工作的重要性，增强对法治事业的责任感和使命感，激发对法治事业的热情和投入度。另外，根据我国本科法学类专业教学质量基本标准的要求，在建设中国特色社会主义法治体系，建设社会主义法治国家的现实需要下，法学类专业人才培养应当注重德法兼修，在培养学生具备扎实专业理论的基础上，增强学生的实践能力和创新能力，让学生成为复合型、应用型、创新型法治建设的后备力量。[1]可见，高素质的应用型、复合型职业法律人才是当前提倡的卓越法治人才培养的目标。法学教育应是一种思想政治指导下的以法律实践应用能力为核心和导向的法律职业教育。因此，提高学生实践能力对培养卓越法治人才是非常必要的，学生只有在实践中不断积累经验、提升能力，才能真正成为在法治领域中具有竞争力的专业人才。

三、构建协同育人机制是应对"新文科""新法学"建设的迫切要求

"新文科""新法学"的要求及其成果最终必须体现在人才培养上。新文科的概念最早由美国希莱姆大学（Hiram College）率先提出。该校在美国以文科著称，全校有40多个文科专业，

---

[1] 孟磊：《我国复合型卓越法治人才培养探究》，载《中国高教研究》2021年第11期，第72页。

第三章 法学专业构建"政产学研用协同育人机制"的必要性

因深感培养的人才不能适应社会的需求,所以提出了"新文科"的概念。2018年8月,中共中央提出"高等教育要努力发展新工科、新医科、新农科、新文科",正式提出"新文科"这一概念。2019年4月29日,教育部等多部门在天津联合召开"六卓越一拔尖"计划2.0启动大会,标志着国家"四新"建设工程正式开启。由此,新文科从概念提出走向正式实施。国家对此十分重视,在13个学科门类外又设置"交叉学科"门类,实施"六卓越一拔尖"计划2.0,以实现一场"质量革命"。习近平总书记2021年4月在考察清华大学时强调,高等教育体系是一个有机整体,其内部各部分之间具有内在的相互依存关系。要用好学科交叉融合的"催化剂",加强基础学科培养能力,打破学科专业壁垒,对现有学科专业体系进行调整升级,瞄准科技前沿和关键领域,推进新工科、新医科、新农科、新文科建设,加快培养紧缺人才。教育部新文科建设工作组发布的《新文科建设宣言》提出:"新科技和产业革命浪潮奔腾而至,社会问题日益综合化复杂化,应对新变化、解决复杂问题亟须跨学科专业的知识整合,推动融合发展是新文科建设的必然选择。"《新文科建设宣言》的发布,标志着高等教育对"坚持走中国特色的文科教育发展之路"已形成共识。新文科建设把"创新发展"和"育人、育才"作为关键词,在价值引领的基础上,提出促进专业优化、夯实课程体系、推动模式创新三大基本抓手。[1]新文科建设理念的提出,为新法科建设,也为新时代卓越法治人才的培养提供了新的思路。应用型、复合型、创新型是新文科建设的要求。法学专业"政产学研用协同育人机制"是多领

---

[1] 吴岩:《积势蓄势谋势 识变应变求变——全面推进新文科建设》,载《新文科教育研究》2021年第1期,第10页。

域之间合作共建的教育培养体系,突出协同合作,旨在促进政府、产业部门、学校、研究机构和用人单位等多方力量结合起来在人才培养方面进行合作,共同培养具有实践能力和创新精神的法学高素质人才,契合了"新文科""新法学"建设的主旨。新文科的发展对于法学领域的政产学研用协同育人机制提出了迫切需求:

首先,"新文科"强调紧扣新时代中国发展需求,坚持思政引领,在此前提下,构建法学政产学研用协同育人机制。新文科建设旨在引导高校文科人才培养质量提升,培养担当民族复兴大任的时代新人。新文科建设要坚持以马克思主义为指导,坚持中国特色社会主义办学方向,落实立德树人根本任务,以铸牢中华民族共同体意识、加强品德修养教育为重点,构建高质量课程体系,注重教材建设,强化实践教学,创新教学方法,突出课程思政,着力培养德智体美劳全面发展的社会主义建设者。因此,"新文科"强调坚持思政引领符合教育改革的方向。

其次,"新文科"强调建立产学研合作机制。法学作为一门重要的新文科学科,需要与用人单位和研究机构建立更紧密的合作关系,这种合作可以包括实习项目、专业课程开发、共同研究项目等,以促进产学研之间的有机结合。新文科强调建立产学研合作机制,有助于促进文科教育的改革和发展。产学研合作是指产业部门、学校和研究机构之间建立合作关系,共同开展研究、开发和人才培养等活动。这种合作机制可以促进学科交叉融合,加强学科之间的交流和合作,提高人才培养的质量和水平。新文科建设旨在推进文科教育的改革和发展,提高文科教育的质量和水平,更好地适应社会发展的需要。在产学研合作机制中,产业部门、学校和研究机构可以共同制定人才培养方案,加强实践教学,提高学生的实践能力和创新能力。

第三章 法学专业构建"政产学研用协同育人机制"的必要性

同时,产学研合作还可以促进学科交叉融合,加强学科之间的交流和合作,推动文科教育的创新和发展。总之,建立产学研合作机制是新文科建设的重要内容之一,有助于促进文科教育的改革和发展,提高人才培养的质量和水平。

再次,"新文科"支持实践研究项目的开展。法学领域需要不断进行前沿研究,因此学校建立与研究机构的合作至关重要。学校可以鼓励教师和学生参与国家级、地方级的法学研究项目,同时鼓励产业界投入资金支持相关研究。新文科支持开展实践研究项目,旨在推动文科教育改革,加强文科教育的实践性和应用性,提高学生的综合素质和创新能力。具体来说,包括以下几个方面:其一,实践研究项目。鼓励教师和学生开展与文科相关的实践研究项目,包括社会调查、案例分析、实验研究等,以提高文科教育的实践性和应用性。其二,创新创业教育。加强文科教育的创新创业教育,鼓励学生开展创业实践和科技创新活动,提高学生的创新能力和创业意识。其三,跨学科研究。鼓励文科教师和学生开展跨学科研究,促进文科与其他学科的交叉融合,提高文科教育的综合性和开放性。其四,实践基地建设。加强文科教育的实践基地建设,为学生提供更多的实践机会和资源,提高学生的实践能力和综合素质。总之,"新文科"支持开展实践研究项目是为了推动文科教育改革,加强文科教育的实践性和应用性,提高学生的综合素质和创新能力,这些项目将有助于培养具有创新精神和实践能力的高素质法科人才。

复次,"新文科"重视实践教学。针对法学专业,实践是非常重要的一环。学生需要通过参与真实案例、模拟法庭等活动来提升实践能力。学校可以与法律机构、律师事务所等合作,为学生提供更多实习和实践机会。

最后,"新文科"鼓励持续的教师培训。教师是产学研协同育人机制中至关重要的一环。学校可以定期组织教师参加行业会议、培训课程,以不断提升他们的教学水平和研究能力,从而更好地指导学生参与产学研合作。新文科是针对传统文科的改革,以培养复合型、创新型、国际化人才为目标,旨在提高文科教育的质量和水平。在"新文科"背景下,教师培训非常重要。其一,新文科需要教师具备更加全面的知识和技能,包括跨学科的知识、实践能力和创新能力等,持续的教师培训可以帮助教师不断更新自己的知识和技能,提高教学质量和效果。其二,新文科需要教师具备更加开放和包容的态度,能够接纳不同的观点和思想,尊重学生的个性和差异。持续的教师培训可以帮助教师更好地理解学生需求和特点,更好地与学生沟通和交流,提高教学效果和学生的满意度。其三,新文科需要教师具备更加灵活和适应性的教学方法和手段,能够根据不同的学科、不同的学生和不同的教学环境进行调整和优化。持续的教师培训可以帮助教师不断探索新的教学方法和手段,提高教学效果和效率。因此,新文科鼓励持续的教师培训十分必要,可以不断提高教师的素质和能力,为培养更多高素质人才打下坚实的基础。

综合来看,新文科领域对法学的发展提出了更高要求,需要法学院校不断优化教育教学模式,加强与用人单位和研究机构的合作,构建更完善的政产学研用协同育人机制,培养出适应社会需求的高素质法学人才。

四、构建协同育人机制是构造法学职业教育精神的需要

观念的重要性,可由梁启超先生"思想者事实之母也。欲建造何等之事实,必先养成何等之思想"短短数语中得到明证。

第三章 法学专业构建"政产学研用协同育人机制"的必要性

组织实施"卓越法治人才教育培养计划",有赖于卓越法治人才品质的准确界定,同时应合理界分通识教育、专业教育和职业教育阶段,运用有效的方式、方法、手段进行有针对性的个性化培养,激发学生自主学习的积极性,保证培养对象具备成为卓越法治人才的品质和学习能力。我国法学教育应该走精英化教育之路,法学本科教育应属于职业教育。

  法学教育应为职业教育,这从国外诸多法治发达国家的法学教学中可见一斑。在英美法系国家因有大量的判例适用,强调实用,教育培养是职业教育模式。英国律师学院招收的也是在法律实务或行政领域有相当经验的成年人。美国法学院开设的课程很多,包括各种法律、政策和事务,如刑事政策、市政税收、公共市政。有人说美国的法学教育是职业教育,这当然有道理,但不完整,应该说美国大多数法学院的教学是高层次的职业教育,是以培养律师为目标的。而德国、日本等国,与英美不同,其法学院学生必须理解法律的基本原理,然较少涉及法律的实际运用,但这些国家的法学院毕业生要想成为律师、检察官或法官,必须先经过司法研修所一类机构的法律事务培训,而且时间长、要求严。即这些国家培养律师也要经过职业教育模式的培训,只是场所是在法学院之外的另一机构。可见,世界教育发展的潮流是扩大职业教育,德国等国在改革本科教育中引入职业教育模式,就趋势而言,本科教育将被职业教育看好。顺应世界潮流,我国的法学本科教育应秉承法学职业教育的精神,走职业教育之路。

  有利于职业化素质形成的原则,是构建法学专业实践性法学教学模式应遵循的重要原则。法学教育不仅是单纯的知识传授和学术培养,而且是一种职业训练,应当教授的是法律职业者必备的技能和素质。提高法律实践能力对于法学专业学生的就业前景是至关重要的。只有这样，才能凸显该专业的学科特色，发挥自身优势，使学生在竞争激烈的社会环境里找到用武之地，获得较大的发展空间。美国法学教授托马斯·摩根讲道："法学院的学生们需要工作技能，忽略技能训练会给学生们带来危害，技能应该伴随学生度过整个工作生涯。"正如美国法律哲学家埃德加·博登海默所指出的："如果一个人只是一个法律的工匠，只知道审判程序之规程和精通实在法的专门规则，那么他的确不能成为第一流的法律工作者。"为此应大力运用多种多样的实践教学模式，培养、提高学生的实践能力和职业化素质，为学生将来步入社会奠定坚实的基础。

综上所述，构建协同育人机制是构造法学职业教育精神的需要。其一，协同育人机制可以促进法学教育与实践的结合，增强学生的实践能力和职业素养。学校通过与司法机关、律师事务所、企业等机构合作，可以使学生更好地了解法律职业的实际情况，提高他们的实际操作能力和应变能力。其二，协同育人机制可以拓宽法学教育的渠道和资源，丰富教育内容和方法。学校通过与其他机构合作，可以使学生获得更多的教育资源和机会，例如参加法律培训、研讨会、实践课程等，从而增强他们的综合素质和竞争力。其三，协同育人机制可以促进法学教育的创新和发展。学校通过与其他机构合作，可以引入新的教育理念、教学方法和教学资源，从而推动法学教育的改革和创新，提高教育质量和水平。因此，构建协同育人机制是构造法学职业教育精神的需要，可以促进法学教育的实践性和创新性，提高教育质量和水平，培养更多优秀的法律人才。

五、构建协同育人机制是提高学生实践能力的有益尝试

构建协同育人机制有利于提高学生的实践能力，同时有助

第三章　法学专业构建"政产学研用协同育人机制"的必要性

于提高学生的综合素质和实践能力，增强学生的就业竞争力。政产学研用协同育人机制是指学校、产业部门、研究机构、用人单位和政府等多方共同参与，共同制定人才培养方案，共同实施人才培养，共同评价人才培养质量的一种人才培养模式，具体可以采取以下措施：

一方面，加强学校与司法实务部门的合作，协同育人，可以提高法学专业学生的实践能力。其一，学生能够接触实际案例，参与法律实践。司法实务部门是处理具体案件和法律实践的机构，与其合作可以为学生提供接触真实案例和法律实践的机会。学生可以通过参与实践活动，在实际工作环境中应用法学知识，锻炼解决问题的能力和实践操作技能。其二，学校与司法实务部门合作能够使学生获得实践指导和师承机会。司法实务部门有丰富的从业人员经验和专业知识，可以提供实践指导和师承机会。学生可以从专业人士那里获得实践经验和专业知识的传授，了解实际工作的需求和标准，提高自己的实践应用能力。其三，学校与司法实务部门合作，可以使学生更深入地了解司法流程和法官的角色。学生可以亲身参与庭审、案件研究和律师团队等活动，对司法实务有更全面的认识，从而培养自身的司法意识和法律职业素养。其四，学校与司法实务部门合作，可以使学生学习并掌握一些专业的法律实践技能，例如法律文书写作、辩论技巧、证据收集和分析等，这些技能在法律行业中非常重要，对于学生未来的就业和执业具有重要意义。其五，学校与司法实务部门合作可以为学生提供丰富的就业机会和职业发展路径。学生通过实践经验和在司法实务部门的学习，可以增强自身的就业竞争力，拓宽职业发展的选择，并更好地适应法律行业的需求。综上所述，加强学校与司法实务部门的合作可以使法学专业学生接触到实际案例、获得实践指导和师承机会，深入了解司法流程和法官的角色，掌握法律实践技能，并为就业和职业发展创造机会。

另一方面，加强学校与研究机构的合作，协同育人，能够提高学生实践能力。其一，学校与研究机构合作能够拓宽法学专业的实践资源。研究机构通常拥有与法学领域相关的实践资源，如实际案例、研究报告、数据统计等。与研究机构合作，学校可以获取这些丰富的实践资源，为学生提供更多实际案例和问题，促进学生的实践应用能力培养。其二，学校与研究机构合作能够为学生提供专业指导。研究机构通常拥有一流的学者和专家，且这些专业人士具备丰富的研究经验。与研究机构合作，学校可以邀请专业人士提供专业指导，帮助学生理解和运用法学知识，指导学生在实践中解决问题，提高学生的实践能力。其三，学校与研究机构合作能够为学生创设实践平台。研究机构通常具备一定的实践平台，如模拟法庭、法律调查研究中心等。学校与研究机构合作，可以共享这些实践平台资源，为学生提供更多实践学习的机会。学生可以在真实环境中扮演不同的角色，进行模拟法律实践，锻炼自己的实践能力。其四，学校与研究机构合作，可以联合开展研究项目。学校与研究机构通过联合开展研究项目，将理论研究与实践问题相结合。通过参与研究项目，学生可以深入探究法学领域的前沿问题，了解并应对实际工作中的挑战，有助于提高学生的实践能力和研究能力，并推动研究机构与学校之间的相互促进。其五，学校与研究机构合作能够为学生提供更多的就业机会与资源。研究机构通常与政府、律师事务所、企业等有紧密联系。学校与研究机构合作，可以为学生提供更多实习、就业和资源开放的机会。学生可以从实践中积累经验、拓展人脉，并获取实际工作所需的资源和机会。通过加强学校与研究机构的合作，学生可

第三章 法学专业构建"政产学研用协同育人机制"的必要性

以从丰富的实践资源、专业指导、实践平台、研究项目以及就业机会与资源开放中受益,有助于提高学生的实践能力,加强学术与实践的结合,推动法学教育的实践性和专业性发展。

总之,构建协同育人机制是提高学生实践能力的有益尝试,有助于提高学生的综合素质和实践能力,增强学生的就业竞争力。同时也可以促进学校、产业部门、研究机构、用人单位等多方之间的合作,实现资源的优化配置和优势互补。

第四章
法学专业构建"政产学研用协同育人机制"的可行性

地方高校法学本科专业构建"政产学研用协同育人机制"对法学专业具有重要意义，这种机制可以促进法学专业教育与社会实践、科研创新、产业需求等多方面的紧密联系，为学生提供更全面、实践性更强的教育资源。协同育人是高校培养应用型、复合型、创新型人才的重要理念，也是提高人才培养质量的重要途径，高校应牢固树立协同育人理念，把实践育人与课堂育人并重，充分利用校内外资源，积极发挥社会各方在协同育人中的作用，优势互补，共同培养社会所需的应用型、复合型、创新型高阶法治人才。在中国特色社会主义新时代背景下，地方高校构建法学专业"政产学研用协同育人机制"已经具备了多项条件：新时代加强法学教育引导下，政府出台相关政策，支持法学专业应对"新文科"的要求创新培养方式；域外法学专业教育的学习与借鉴和信息时代给法学教学提供的助力。地方高校法学专业协同育人机制已经有了不少探索，如与律师事务所等实务部门合作，建立实践基地，让学生参与真实案例解决，提高实践能力；鼓励教师开展前沿法学研究，将研究成果与教学内容结合，使学生在学习中接触到最新的法学理论和实践成果；鼓励法学专业与其他学科进行交叉学习，如信

第四章 法学专业构建"政产学研用协同育人机制"的可行性

息技术,培养学生的综合素养和跨学科能力;组织学生参与法律援助、公益活动等,培养学生的社会责任感和实践能力。具体而言,当前地方高校法学专业构建"政产学研用协同育人机制"已经具备了以下条件:

一、加强新时代法学教育要求的引导

中国特色社会主义新时代对法学教育提出了一系列新的要求,这些要求都有助于地方高校法学专业"政产学研用协同育人机制"的建设,主要包括以下几个方面:

首先,加强新时代法学教育要求全面深化法治教育。新时代对法学教育提出了更高的要求,要求法学教育不仅仅是传授法律知识,更要注重培养学生的法治精神和法治思维,提高学生的法治意识和法治能力。加强新时代法学教育意味着要更加注重全面深化法治教育,应当从以下几个方面展开:其一,加强法律知识教育。着重传授宪法、法律、法规等基础知识,使学生了解国家法律体系的基本框架和原则。其二,培养法治意识。强调培养学生的法治观念和法治情怀,让其认识到法治是现代社会的基石,是社会进步和稳定的重要保障。其三,培育法治精神。弘扬法治精神,包括公正、公平、诚信、责任等,引导学生树立正确的法治价值取向。其四,提升法治能力。培养学生的法律思维能力、法律逻辑能力和法律实务能力,使他们具备解决法律问题的能力。其五,实现跨学科融合。将法学教育与其他学科融合,如政治学、经济学、社会学等,帮助学生全面理解法律与政治、经济、社会等方面的关系。其六,强化实践教学。加强法学实践教学,包括模拟法庭、法律实习等方式,使学生能够在实践中运用所学知识。通过以上努力,可以使新时代法学教育更加贴近实际、更具针对性,培养出具有国际视野和创新精神的法学人才，为建设法治中国和现代化建设提供坚实的人才支持。

其次，加强新时代法学教育要求强调培养实践能力。新时代法学教育要求学生具备扎实的理论基础的同时也注重对其实践能力的培养，包括法律实务能力、法律文书写作能力、法律问题解决能力等方面的提升。加强新时代法学教育确实需要更多地强调实践能力的培养。随着社会的不断发展和法律体系的不断完善，法学专业人才需要具备更多的实践能力，才能更好地适应社会的需求和法律实践的挑战。其一，实践能力培养能够帮助法学专业学生更好地理解和应用法律知识。通过实践，学生可以将抽象的法律理论与实际情况相结合，更深入地理解法律的含义和适用范围，培养出解决实际法律问题的能力。其二，实践能力培养有助于提升法学专业学生的综合素养。在实践中，学生不仅需要运用法律知识，还需要具备较强的沟通能力、分析能力、团队合作能力等，这些素养对于一个优秀的法学专业人才来说同样至关重要。其三，实践能力培养还可以促进法学教育与社会实践的深度融合。学校通过与法律实务机构、法院、律师事务所等实践单位的合作，可以使学生接触到真实的法律案例和工作环境，从而更好地了解法律实践的要求和挑战，为将来的职业生涯做好准备。因此，加强新时代法学教育的实践能力培养非常必要，不仅有助于提高法学专业人才的实践能力和综合素养，还可以促进法学教育与社会实践的深度融合，推动法学教育的不断创新和发展。

在新文科建设背景下，实践能力的培养更加重要。新文科建设强调专业基础的融通性，这种发展趋势的背后，是实践能力培养的强化。很长一段时间以来，我国地方高校法学教育采用传统的授课方式，以知识灌输为基本特点，受教育者的主动

第四章 法学专业构建"政产学研用协同育人机制"的可行性

性和积极性客观上受到一定程度的抑制,所学的知识多停留在纸面理解,实践能力存在明显的欠缺。"新文科""新法学"建设要求推动书面知识的现实应用,提高受教育者的实践能力,在传统的课堂教学之外,更注重对受教育者未来职业能力的培养,增加和完善实践教学环节,兼顾考核受教育者的实践能力和知识理论的综合运用能力。

再次,加强新时代法学教育要求国际化视野和跨文化交流以及多元化学科交叉融合。新时代要求法学教育更加注重国际化视野和跨文化交流,培养具有国际竞争力的法学人才,使其能够适应全球化的法律环境。法学教育需要与其他学科进行交叉融合,比如经济学、社会学、政治学等,以适应复杂多变的社会需求,培养具有综合素养的法学人才。"新文科"鼓励相关学科的融合发展,法学教育实现"政产学研用协同育人机制"正是为了打破各学科的壁垒,协作沟通,共同实现法学人才培养的目的。学科的分类是为了简化认识过程,提升学习效率,而新文科建设则是要在一定程度上淡化学科分类,以现实需求为取向改进人才培养。[1]学科分类促进了学术积累与技术进步,有力地推动了人类社会的持续发展。但学科分类过多强调学科的划界致使知识碎片化,导致了各个学科间的隔阂,有碍社会进步。新文科建设提倡弱化学科边界,持续推进面向国家、社会、产业需求为中心议题的学科汇聚与人才培养。要打破既往单一的专业教育所带来的知识体系闭环,通过多层次的教育丰富受教育者的学科背景知识,培养应用型、复合型、创新型的现代人才。新文科建设强调学科交叉、文理相融,反映了学科

---

[1] 唐衍军、蒋翠珍:《跨界融合:新时代新文科人才培养的新进路》,载《当代教育科学》2020年第2期,第71页。

发展与人才培养的新趋势。总之，新文科的这一要求契合了法学"政产学研用协同育人机制"的建立。

最后，加强新时代法学教育要求培养创新能力。新时代法学教育提出了创新要求，鼓励学生在法学领域进行研究和探索，培养学生的创新思维和创新能力，提高法学研究的水平和影响力。总的来说，新时代法学教育的要求是全面提升教育质量，培养适应社会需求的高素质法学人才，使其能够在法律领域更好地为社会、国家和人民服务。可见，为了积极应对"新时代""新法学""卓越法治人才教育培养计划2.0"的要求，法学教育需要注重培养学生的创新能力。对此，一方面，可以通过跨学科教学的方式进行培养，引入跨学科的教学内容，如法学与技术、法学与经济等，激发学生的创新思维和能力。另一方面，可以通过案例教学、模拟法庭等实践教学方式培养学生的独立思考能力与创新能力。通过案例教学，培养学生分析问题、解决问题的能力，从而在实践中培养创新思维。通过模拟法庭和讨论课等活动，鼓励学生在模拟的法律环境中，锻炼自己的辩论、分析和判断能力，培养创新意识；鼓励学生参与实践性的法律工作，如法律援助、实习等，通过亲身经历，培养学生的实践创新能力；鼓励学生在学习过程中提出问题、探索答案，培养他们的独立思考和解决问题的能力。通过以上方式，可以更好地加强新时代法学教育，培养学生的创新能力，使其在法学领域具有竞争力和应对未来挑战的能力。

二、域外法学专业教育的经验及启示

了解和学习域外法学专业教育能够为我国法学教育的发展提供思路。

第四章 法学专业构建"政产学研用协同育人机制"的可行性

(一) 域外法学专业教育现状

对于域外法学专业的教育现状,以德国为代表的大陆法系国家,以英国、美国为代表的英美法系国家和以日本为代表的混合制诉讼制度国家分别介绍。

德国的法学专业教育以其严谨性、学术深度和实践导向而著称,其法学专业教育的特点主要包括以下方面:其一,在学位类型和课程设置方面,德国的法学专业教育通常包括法学学士(Bachelor of Laws, LLB)学位和法学硕士(Master of Laws, LLM)学位。法学专业课程通常包括宪法学、刑法学、民法学、行政法学、欧洲法、法律哲学等多个领域。学生需要掌握德国法律体系以及国际法律。其二,其法学专业教育偏重研究。德国的法学专业教育非常注重学生的研究能力和学术思维。学生在本科阶段就开始接触研究性课程,并被鼓励积极参与学术研究项目。在研究过程中,学生需要进行独立的文献研究、法律分析和创新性思考,以培养他们的研究能力和学术素养。其三,其法学专业教育包括多层次法学教育体系。德国的法学专业教育包括本科(Bachelor)、硕士(Master)和博士(PhD)三个层次。本科阶段通常为三年或四年的学习,主要涵盖法学基础知识和法律理论。硕士阶段提供了进一步的专业化学习机会,学生可以选择深入研究特定的法学领域。博士阶段则是为那些追求深入研究和学术职业发展的学生提供的。其四,其法学专业教育强调法律基础知识。德国的法学专业教育注重培养学生扎实的法学基础知识。学生在学习过程中需要掌握法律原理、法律体系和法律方法论等基本概念。这种注重法律基础知识的教育模式使得德国的法学专业毕业生具备扎实的法律素养和较强的分析能力。其五,其法学专业教育偏重实践教育和应用导向。尽管德国的法学专业教育以理论为基础,但也注重实践教育和应用导向。学生有机会参与模拟法庭辩论、法律实习和课外活动,以将所学知识应用到实际情境中。此外,德国也提供了丰富的实践机会,如开展法律援助项目和开设法律实务研究所,以帮助学生获得实践经验和职业准备能力。其六,其法学专业教育偏重学术交流与合作。德国的法学院校非常注重学术交流和合作。学生被鼓励参加学术研讨会、学术会议和学术出版物的撰写,与其他学生和学者进行学术交流。此外,德国的法学院校也积极与其他国际机构和法学院校合作,提供国际交流和合作的机会。总体而言,德国的法学专业教育以其严谨性、理论性和学术导向而著称。通过注重研究性教育、多层次教育体系、强调法律基础知识、实践教育和应用导向以及学术交流与合作,德国的法学专业教育培养了许多理论扎实的法学人才,并在法律领域发挥重要作用。

英国的法学专业教育以其世界一流的教学质量和学术声誉而闻名,其法学专业教育主要包括以下特点:其一,结构和课程设置方面。英国的法学专业教育通常包括本科(LLB)法学学位、研究生(LLM)法学学位和博士(PhD)法学学位。本科法学学位是最常见的法学学位,在通常为三年或四年的学习期间,学生将学习法律基础知识和核心领域的法学课程。其二,英国的法学专业教育注重学生的主动学习和批判性思维能力的培养。教学方法通常包括小组讨论、辩论、案例分析以及由学生领导的研究项目。学生被鼓励积极参与课堂讨论和独立研究,以提高他们的分析和解决问题的能力。其三,英国的法学专业教育注重实践导向。尽管英国的法学专业教育以理论为基础,但也十分注重实践导向。学生有机会参与模拟法庭辩论、实践实习和法律实务课程,以培养法律实践技能和职业准备能力。部分法学院还与法律界、律师事务所和法院建立合作关系,为学生

第四章 法学专业构建"政产学研用协同育人机制"的可行性

提供实际工作经验。其四，英国的法学专业教育非常多样化和专业化。学生可以选择不同的法学专业领域，如刑法、民法、商法、国际法等进行深入学习和研究。此外，许多英国的法学院校也开设与法律相关的交叉学科课程，如法律与经济学、法律与社会学等，以满足学生多元化的学术兴趣和职业需求。其五，英国的法学专业教育享有世界声誉，吸引了来自全球各地的学生。取得英国法学学位的毕业生在国际法律界和学术界都具备竞争力。英国的法学院校通常与律师事务所、公司和政府部门保持紧密联系，以为学生提供就业指导和职业发展支持。总体来说，英国的教育模式使得学生能够获得坚实的法学基础、批判性思维和实践技能，为他们在法律领域的职业发展奠定了良好的基础。

美国的法学专业教育与世界其他国家相比，法治程度较高，其主要得益于美国特有的法学人才培养方式，这也是我国法学教育值得借鉴的地方。主要体现为法律教育模式职业化。美国的法律职业以律师职业为起点，一段时间的律师执业经验是从事律师以外的法律工作的先决条件。美国的法学院是典型的律师学院，其目标为培养优秀的法律专家。法学院为学生提供分析和解决法律事务问题的专门训练，并且高度重视学生的就业指导工作，同时根据市场的需求，不断调整培养模式，以使学生更加适应就业需求。美国的法学专业教育的特点主要包括以下方面：其一，学位类型和课程设置方面。美国的法学专业教育通常包括法学博士（Juris Doctor, JD）学位和法学硕士（LLM）学位。法学博士是获得执业律师资格的主要学位，通常需要三年的全日制学习。法学硕士学位则提供了进一步的专业化学习机会，学生可以在特定的法学领域深入研究。其二，突出学术与实践相结合。美国的法学专业教育注重学术和实践的平衡。学生既接受法学理论和知识的培养，也有机会进行案例分析、模拟法庭辩论和实践实习等实践活动。这种教学方法帮助学生将理论知识应用于实际情境中，并培养他们在法律实务中的技能和经验。其三，课程多样。美国的法学专业院校提供丰富多样的课程选择，学生可以根据自己的兴趣和职业目标选择合适的课程。除了基础法律课程外，学生可以选修专业领域的课程，一些法学院还提供交叉学科课程，如法律与科技、法律与医疗等。其四，强调实践经验和实习机会。美国的法学专业教育非常重视学生的实践经验和实习机会。许多法学院都与当地的律师事务所、法庭和政府机构建立紧密联系，为学生提供实践机会和实习项目。这些实践经验有助于学生将所学知识应用到实际工作中，并建立自己的专业网络。其五，美国的法学专业教育非常多元化，学生可以通过选择不同的法学院校和课程来满足自己的学术兴趣和职业发展需求。法学院校通常提供就业指导和职业发展支持，帮助学生进入律师事务所、公司、非营利组织等法律从业领域。总体而言，美国的法学专业教育注重学术与实践相结合，提供多样化的课程选择和实践机会，培养学生的法律技能和职业准备能力。这种教育模式使得美国的法学专业毕业生在法律领域具有竞争力，并能够在各种不同的法律职业中成功发展。

日本的法学专业教育在发展过程中广泛吸收和借鉴外国经验，不仅包括法国模式、德国模式，还有美国模式，并在联系本国实际的情况下，不断地进行调整和改进。其法学专业教育包括以下几个特点：其一，通常包括本科、硕士和博士阶段。学生可以选择在大学本科阶段就读法学专业，并在研究生阶段深入学习法学领域的专业知识。日本的法学专业教育重视培养学生的法学基础知识，强调理论与实践相结合的教学模式。其

第四章 法学专业构建"政产学研用协同育人机制"的可行性

二,注重培养学生的研究能力和学术思维,鼓励学生积极参与学术研究和学术交流活动。学生在研究生阶段通常需要完成一定的研究项目或撰写学术论文,以展示他们在法学领域的研究成果。其三,重视实践教学。日本的法学专业教育不仅注重理论知识,还非常重视实践教学和职业准备。学校通常为学生提供实习机会和法律实务课程,使他们能够在真实的法律环境中应用所学知识。此外,学校还与法律界建立紧密联系,为学生提供就业指导和职业发展支持。其四,注重国际交流。日本的法学专业教育非常注重国际交流和多元化发展。学校通常开设国际法课程,并鼓励学生参与国际学术研讨会和交流项目。此外,为了培养具有全球视野的法学人才,许多日本的法学院校也积极招收国际学生,并提供专门的国际课程。随着社会的变化,日本不断改革法学专业教育,借鉴美国的法学院,结合自身实际提出法科大学院的构想。其法学专业教育注重实务,在教学方法上广泛采用美国经验,引入案例教学法、法律诊所式教学法,注重学生分析能力和辩论能力的培养。结业后的毕业生参加的司法考试与本科阶段相比难度有所降低,考查范围是法科大学院的学习内容,通过率也有较大的提高,达到70%~80%。同时,司法考试通过人数的增加也起到了充实日本法律职业人才的作用。

(二)对我国法学教育的启示

域外法学专业教育的经验可以为我国法学教育提供一些参考和借鉴:

首先,法学本科教育以实践为导向。域外法学专业教育注重实践导向的教学方法,将理论知识与实际应用相结合。通过让学生参与案例分析、模拟法庭辩论和实习等实践活动,培养他们的法律实践技能和职业准备能力。其他国家和地区的法学专业教育可以借鉴这种实践导向教学方法,为学生提供更多实践机会和实习项目。鉴于此,我国地方高校法学教育应转变传统的授课方法。目前,我国高校的各专业在教学方法上大同小异,都是采取教师讲授的单向输出方式,很少有课程形成良性的双向互动。对于法学专业来说,理论知识的讲授和点拨是必要的,但采取单一的教学方式进行单向输出难以使学生成为合格的法律职业者。对此从教学方法以及教学方法选择两个角度入手更具有可行性。一方面,在教学方法上,教师可以增加案例的分析和说明,让学生在课堂上联系真实案例对理论知识进行消化和吸收。在此阶段,课堂教学依然为主要的渠道和阵地。教师通过案例,联系社会实际,详略得当地为学生揭示案例背后所蕴含的法律原理,带领学生抽丝剥茧、由浅入深、循序渐进地形成自己分析问题和处理问题的独特风格。同时,教师通过具体的案例分析能够避免单一理论知识的枯燥乏味,可以将抽象的理论知识形象化,使学生理解得更为透彻,避免死记硬背。此外,学校要为学生提供更多的操作机会,使他们可以利用闲散的碎片时间达到实习的目的和效果。另一方面,在教学方法的选择上,学校需要具体考虑法学专业学生的特点。对于法学专业,学生在心理上会逐渐产生爱好倾向,将更多的时间投入擅长的领域和学科。因此,在教学过程中,教师需要特别重视学生的参与性,结合课堂组织形式不一的普法活动,提高学生的参与意识和参与积极性,避免填鸭式的零互动教学。

其次,师资队伍精英化。域外法学专业教育注重师资队伍的建设和发展,教师需要具备丰富的学科知识和教学经验,同时也需要具备跨学科素养和实践经验。其他国家和地区的法学专业教育可以加强师资队伍的培养和评价机制,通过培训和交流活动提升教师的教学和研究水平。借鉴这一经验,在教师队

第四章 法学专业构建"政产学研用协同育人机制"的可行性

伍壮大上,高校可以将实务经验丰富的实践人才引入高校的教师序列。高校在组建实务型的教师队伍后,需要保障他们在本职工作和公益性兼职之间的平衡和兼顾。高校可将法官、检察官的课程安排在晚上,避免影响其工作时间,并给予同等的尊重和相应的福利,使学生能够学习到第一手的实务经验。法律硕士(非法学)培养模式即得益于此。我国从 1996 年起开始设置法律硕士专业学位并进行试点,法律硕士专业学位类似于美国法学院的 JD 学位,主要面向实际部门招收有若干年工作经验的人士,课程设置类似法律本科,更为实用,毕业论文的要求比传统的法学硕士要低。这项试点目前在我国法学院已经广泛推广,是我国复合型卓越法治人才培养的主阵地,也深受广大学生的青睐和用人单位的好评。[1]

再次,重视创新法学本科职业教育。法律职业是沟通国家立法与法的实现的关键桥梁,法律从业者的素质直接决定着法律的实现状况甚至影响着国家的法治状况。发达国家都将法学专业教育和法律职业相互结合,使其相互促进、共同提升。无论是英美法系还是大陆法系,各国在教育模式、课程设置方面千差万别,但也具有相同的宗旨和目标,即培养适应社会需求的高水平的法律人才,共同的发展特点是越来越重视实践和学术的有机结合,力求法律人才培养的职业化。当今世界各国都重视法律职业教育与考试培训。纵观各国的教育模式,学生在经过学术教育之后,都要进入职业训练阶段,并且严格将其作为职业准入的必经过程,这在制度上保障了职业训练的落实。为了进一步提升法学教育与法律职业的衔接性,我国高校应采

---

[1] 孟磊:《我国复合型卓越法治人才培养探究》,载《中国高教研究》2021 年第 11 期,第 72 页。

取具体措施，并在法律职业训练阶段承担起保障和监督的责任，除了统一提供实习机会，还要严格保障学生的实习时间。在日常的教学活动中，学校可以利用闲散的时间组织学生参与模拟法庭、法律诊所等实践性较强的活动，日积月累，培养学生的实务能力。在实践形式上，高校应当不断地创新活动形式，以提高学生的参与度。除了传统的辩论赛、法律知识竞赛、法治宣传、送法进社区等活动，高校还可以根据自身实际，采取多种形式，开展创新法学本科职业教育。

最后，加强学术研究、学术交流以及国际交流和合作。域外法学专业教育注重培养学生的学术研究能力和学术思维。学生被鼓励积极参与学术研究和学术交流活动，如撰写学术论文、参加学术会议等。其他国家和地区的法学专业教育可以推动学生参与学术研究，并提供学术交流的平台和机会。域外法学专业教育注重国际交流与合作，积极招收国际学生并开设国际课程。这种国际化的教育模式有利于培养具有全球视野和跨文化交流能力的法学人才。域外法学专业教育可以帮助学生获得更广泛的国际化视野，通过学习其他国家或地区的法律体系，学生可以更好地理解不同文化背景下的法律原则和制度。地方高校法学专业人才培养也应当注重学术交流和国际交流与合作，学生从中可以获得更多样化的法律知识，拓宽自己的学术视野，同时也可以更好地理解全球化时代法律的互动关系，最终有助于应用型、复合型、创新型高阶法治人才的培养。

总之，域外法学专业教育的经验提供了一些对其他国家和地区的法学专业教育的参考和借鉴。通过多元化课程设置、实践导向教学、学术研究和学术交流、师资队伍建设以及国际交流与合作，我国法学专业教育可以不断发展和提升，以培养具有全面素养和实践能力的法学人才。

三、信息时代为法学教育创新提供助力

近些年来,互联网、物联网以及云计算等信息及通信技术迅猛发展,各类数据快速膨胀,为许多行业带来严峻挑战的同时,亦带来了宝贵的机遇,信息社会已经进入了大数据时代。[1]"大数据时代"这一术语最早由全球知名咨询公司麦肯锡公司提出,作为资本、劳动力和自然资源之外的第四种生产要素,"大数据"一般是指在数量、类型、速度和价值等方面超过传统社会科学应用规模的海量数据资料。[2]在大数据时代,新一代信息技术能实时、同步地将社会中产生的数据予以采集、分析、处理与应用,人类的生产、生活以及认知方式、思维模式等都发生着根本性变化,各个行业无不受其影响。互联网浪潮的高涨更加推动大数据技术在各行业领域的扩展,教育行业也概莫能外,作为高校主要职能的教学活动亦受到极大促进。清华大学校长陈吉宁曾言,大数据时代带来了教育技术的革新,更使得教育观念、教育体制以及教学方式等发生深刻的变化。"翻转课堂"——美国科罗拉多州两位化学老师于 2007 年所采用的一种崭新的教学方法,就是大数据时代大学教育的典型案例;受其影响,2012 年大型开放式网络课程——MOOC——和同年 4 月由美国高校创建的大规模开放在线课堂平台 edX,已成为席卷全世界大学教育的新风尚。我国紧跟大数据时代的发展,上海高校于 2013 年首先成立了中国的 MOOC 平台,北京大学、清华大学继而加盟 edX。近些年来,人工智能、大数据、区块链等技术迅

---

〔1〕 王元卓、靳小龙、程学旗:《网络大数据:现状与展望》,载《计算机学报》2013 年第 6 期,第 1126 页。

〔2〕 [英]维克托·迈尔-舍恩伯格、肯尼思·库克耶:《大数据时代:生活、工作与思维的大变革》,盛杨燕、周涛译,浙江人民出版社 2013 年版,第 25 页。

猛发展，深刻地改变了法学人才需求和教育形态。大数据技术拓宽了人类接受信息的渠道，手机、平板等移动终端可以随时收集海量的语音、图片、视频、文字、方位等信息，并迅速完成交互和数据上传，与大数据的深度融合已成为信息时代教育发展的必然要求。信息时代主要从以下几个方面为法学教育创新提供助力：其一，信息时代为法学教育提供了丰富的资源。互联网上有大量的法律信息，包括法律法规、案例、学术论文等，这些资源可以帮助学生更好地了解法律知识，提高他们的法律素养。其二，信息时代为法学教育提供了新的教学方式。传统的法学教育主要以课堂教学为主，而信息时代则可以通过网络教学、在线课程等方式，让学生更加灵活地学习法律知识。此外，信息时代还可以利用多媒体技术，如视频、音频、图片等，来增强学生的理解和记忆。其三，信息时代为法学教育提供了更多的实践机会。在信息时代，学生可以通过模拟法庭、在线法律咨询等方式，更加真实地体验法律实践，提高他们的实践能力。综上所述，信息时代为法学教育创新提供了许多助力，有助于提高法学教育的质量和效果，培养更多的高素质法律人才。

本部分以法学中的卫生法学方向的人才培养为例，深入阐述大数据时代、数字社会为法学教学带来的契机和助力。卫生法学是医学与法学交叉和融合形成的一门新兴学科，与卫生领域的发展关系密切。卫生法学的诞生基于实践的需要，着力于为解决医患冲突、促进医患和谐这一重大社会问题提供理论支持与实践根据，其根本任务是预防和消灭疾病，改善人们劳动和生活的环境的卫生条件，保护人体健康。卫生法学着力于制定和实施卫生法律规范；运用法律手段管理医药卫生事业和促进医药卫生事业的发展，从而保护公民的健康权和生命权；医学

第四章 法学专业构建"政产学研用协同育人机制"的可行性

及其他相关学科的技术成果是卫生法律的立法依据,也是卫生法律的实施手段和依据。总之,卫生法学所具有的技术性以及保护人类健康的最终目的性决定了卫生法学教学活动与社会实践联系紧密;而实践中不断发展的具有数据体量巨大、数据类型繁多、处理速度快、价值密度低等四个特点的大数据,为卫生法学教学活动的科学决策和有效运行提供了独有契机,主要体现在以下四个方面:

第一,在教学理念方面,大数据时代的到来以及新一代信息技术的使用改变了传统教学的教学理念和思维模式,逐步引入了尊重个体的身体和心理健康共同发展的卫生法理念,使得积极主动的卫生法学教学主体和个性化、多样化的教学理念成为可能。在云计算技术支持下,大数据通过对在线教育用户的学习痕迹进行搜集和运算,能够掌握学习者的学习偏好与习惯,为学习者提供个性化推送,提供精准教育服务。可见,云计算技术能有效整合基础设施和数字化教育资源,实现资源的多方共建和广泛共享,降低教育成本,提高学习效率;[1]云计算技术为大数据在教学实践中的应用提供了科技支持,为法学实践教学创新提供了可能。树立依靠大数据实现教学目的的观念是完善教学过程和教学方法的前提。

第二,在教学内容方面,卫生法学教师在技术上完全有可能通过互联网等获悉来自整个世界相关学科的前沿信息和大量、丰富的卫生法学教学实例,并可以有选择、有目的地向学生介绍,进而引导学生完成有关信息的收集、整理和分析,使学生增强自学能力,提高学习兴趣。学生亦可以根据个性化发展的

---

[1] 杨现民、唐斯斯、李冀红:《发展教育大数据:内涵、价值和挑战》,载《现代远程教育研究》2016年第1期,第50~61页。

需要，主动通过互联网、微信、微博等信息技术和信息平台获得文本、图像或视频等更宽泛的卫生法学知识。在线教育平台 edX 和 MOOC 的广泛应用为卫生法学教学提供了有效的途径。

第三，在教学方式方面，多媒体等技术的运用使得卫生法学的教学方式不断翻新。在大数据时代，随着信息技术的不断发展，物联网、云计算的不断采用，卫生法学教学可以采用家庭课堂、网络课堂以及小班化、多师同堂和 MOOC 等多种更灵活、更能激发学生学习热情、体现个性化教育的教学方式，契合了卫生法学偏重提高学生实践能力的教学要求。

第四，在教学平台方面，在大数据时代，卫生法学教学平台得以不断开拓。其教学过程明显突破了传统教学在教学时间、教学地点和教学空间等的多重限制，为师生间、教师间、学生间提供了极为方便的交流机会和交流平台，有效解决了频频上马的卫生法学专业师资力量、教学水平、服务社会能力等严重不均的情况。总之，大数据时代对卫生法学的"教""学"双方以及整个教学过程提出的新要求与卫生法学人才培养的要求实现了良好契合，并为卫生法学人才培养提供了良好的契机。

四、法学专业协同育人机制的探索

法学教育的实践性很强，所以在法学专业的培养目标中均都体现了对学生实践能力的培养和重视。在课堂教学中注重实践的引导，通过案例讨论、情境教学、法庭模拟、法院旁听等形式增强学生分析问题、解决问题的能力，为构建卓越法治人才培养的实践平台奠定了基础。经过法学院校的不断努力，我国构建卓越法治人才的实践平台的实践教学制度已经初具规模，具体表现在以下方面：

第四章 法学专业构建"政产学研用协同育人机制"的可行性

(一)"双师型"师资队伍建设已具雏形

提高高校法学教师的实践教学能力是培养卓越法治人才实践能力的关键。法学实践教学是一个实务性很强的工作,担任法学实践课程的教师不仅要精通本专业的法律理论知识,还需要具备较强的实践能力和丰富的实践经验。除了在课堂上向学生传授法律知识,还要讲授法律专业技巧、法律职业道德并关注学生法律实践操作能力的培养,可见,法学实践教学对教师的要求更高。当前多数法学院校与相关的法律机构、律师事务所、法院等建立了合作关系,引入实践专家和行业人士参与教学活动,为学生提供更多实践机会和专业指导,并根据实际需要从实务部门中聘任实践经验丰富并热心法学教育事业的法官、检察官与律师来担任指导教师。同时,也鼓励教师积极参与社会实践和研究,增强其实践经验和专业能力。鼓励法学院的教师在业余时间做司法实务,为教师做兼职律师、企业法律顾问提供支持,这样既能丰富教师的实践经验,又能促进教师教学,更有利于实践教学活动的顺利开展。部分法学院校注重学术导师和实践导师的双重培养。学术导师主要负责培养学生的学术研究能力和理论思维,而实践导师则负责指导学生的实践能力和实际操作技巧,这种双向导师制度的建设有助于培养学生全面的专业素养。部分法学院校建设"双师型"师资队伍,强调学科交叉和实践融合,将学术理论与实践案例相结合,使学生能够在学习中获得全面的知识和技能,并能够灵活运用于实际情境中。

(二)实践教学制度已经初步构建

经过法学院校的不断努力,我国构建卓越法治人才的实践教学制度已经初具规模,具体表现在以下方面:

1. 初步构建了卓越法治人才培养实践教学的目标体系

服务社会、以就业为导向是建立法律人才培养实践教学体系的方向。法律人才要服务于社会，社会需要是实践教学目标体系建立的依据。法学实践课程体系建设的指导思想应该是注重培养学生的实践能力和解决实际问题的能力。具体而言，一是以问题为导向，法学实践课程体系应以真实的法律问题为基础，引导学生通过实践活动来解决问题。通过案例分析、模拟法庭辩论、法律实习等形式，帮助学生理解和应用法律知识。二是强调跨学科融合。法学实践课程体系应该积极与其他学科进行跨学科融合，如经济学、管理学、心理学等，以提高学生的综合素质和跨领域解决问题的能力。三是注重实践环节。这一课程体系应该合理设置实践环节，如实地调研、司法实习、法律咨询等，使学生能够亲身参与法律实践，了解实践中的挑战和困难，并培养解决问题的能力。四是强化技能培养。除了传授法律理论知识外，该课程体系还应注重培养学生的法律技能，如法律文书写作、法律研究方法、法律论证等，以提高他们的实际操作能力。通过明确这些指导思想，可以更好地搭建法学实践教学制度，促进学生的全面发展和专业素养的提升。

2. 初步设置了相关法学实践课程

高校在贯彻落实卓越法治人才教育培养计划的过程中，要坚持理实并重的教育原则方针，在提升学生综合性理论知识的同时还要切实提高其实际的法律事务操作分析能力，采用循序渐进的教育方法，并注重探索潜在的学习规律，切实提高法学实践课程的实效性。当前，高校法学院适当开展了系列性的法学实践模块教学，以让学生在实习课程中与社会上市公司进行实际操作演习来切实提升其知识储备与实践能力；根据不同法学专业课程学生的各自特征设立专业性的课程实训环节，注重对学生的综合法律事务辨析能力、经典案例剖析能力、法案法庭观摩与评析能力的培养；通过在校开设相关的检察理论与实

第四章 法学专业构建"政产学研用协同育人机制"的可行性

务法官理论、律师实务辨析等课程讲座来加深学生对于法律事务的理解，并邀请资深法官与律师为学生开设专门性讲座，以培养其法律职业精神。实践课程应包括案例分析、观摩法院庭审、模拟法庭、法律咨询、法律诊所、实习课程（包括中期实习和毕业实习）、毕业论文的写作等。

3. 初步建立了法学实践教学的考核评价制度

卓越法治人才实践能力的培养需要建立科学而完善的法学实践教学考核评价机制。与法学理论教学相比，法学实践教学应针对法学实践教学的具体内容与法学实践教学的具体方式，制定出不同的考核标准。所以，法学实践教学对于师资、教学管理队伍的要求比法学理论教学更高。目前，我国法学院系对法学专业学生参加实践教学的时间、次数、教学内容以及结果都没有作出明确统一的具体要求，只是根据自身情况初步建立了法学实践教学的考核评价制度，为了培养卓越法治人才的实践能力，法学实践教学考核评价机制应当进一步加以完善。

（三）实践教学环节逐步开展

法律的生命不仅在于逻辑，更在于经验。改革开放以来，我国的法学本科实践教学逐渐形成了以基础性实验教学、证据科学、模拟法庭、法律诊所等为主要构成的法学本科实践教学模式，在辅助法学本科理论教学、提高法学本科生的法律实践技能上发挥了不可替代的重要作用。[1]

1. 案例教学

"案例教学"（Case method），又称为"苏格拉底式教学"（Socratic method），为以判例为背景下的英美法系典型的法学教

---

［1］ 杨继文：《证据法学研究进入电子证据新时代》，载《检察日报》2018年2月6日。

学模式。法学案例教学法，是指教师在宣讲解释某一法律制度理论时，结合较为典型的法律实务案例加以剖析，从而加深学生对该法律制度理论认识与掌握的一种教学方法。这种模式借助典型"案例"这样一种模拟现实，是一种通过具体设定角色与情节的情境式教学方式，具有以下几个方面的优势：其一，实证性。案例教学能够通过真实的案例和实际情境，将抽象的法律理论与实践相结合。学生通过分析和讨论案例，能够更加直观地了解法律原理和规则在实际应用中的具体情况，增强其对法律的实证理解。其二，互动性。案例教学注重学生的积极参与和互动。学生可以通过案例分析，提出问题、表达观点、质疑和辩论，促进思维的碰撞和知识的交流。这种互动性能够激发学生的学习兴趣，培养其批判思维和问题解决能力。其三，培养实践能力。案例教学强调学生在实际情境中运用法律知识解决问题的能力。通过分析案例，学生需要运用所学的法律理论，找出问题的关键点并提出解决方案，从而能培养自身的实践应用能力和实际操作技能，更具就业竞争力。其四，综合性。案例教学涉及多个维度的法律问题，需要学生在综合考虑多个因素的基础上作出决策，有助于培养学生的综合思考能力和跨学科的学习能力，使其能够将法学知识与其他领域的知识相结合，提高解决复杂问题的能力。

案例的选择对案例教学十分重要，是案例教学的前提与关键。对案例的选取一般应考虑如下因素：其一，专业性。应该选择既能体现专业深度和专业课的特色又能反映和解释专业实际问题的理论与方法的案例。其二，时效性。应该选择既能反映社会热点又在全国范围内有重大影响的真实案例。其三，疑难性。作为适用于法学专业学生的高校法学教育辅助教学的所选择案例应该也必须具有一定的专业难度与深度。其四，争议

第四章 法学专业构建"政产学研用协同育人机制"的可行性

性。选择的案例不仅应具有一定争议,而且还要能留给双方"当事人"一定的思辨空间。其五,综合性。应该选择以某一部门法为主同时又能综合运用相关的其他法律知识的案例。该案例要能充分体现专业知识的综合运用。案例教学一般可分三个环节进行:一是准备环节,主要是有针对性地选择典型案例和设定角色并提出问题;二是正式阶段,即对案例中的问题进行分析和讨论;三是总结环节,即对案例中的问题和存在的问题进行总结。案例分析模式具有培养学生运用知识分析和解决问题的综合功能。

进行案例教学时,需要注意以下几点:其一,确定学习目标。在进行案例教学之前,要明确学习目标和教学内容。选择的案例应该与学习目标相匹配,具有一定的代表性和针对性。其二,指导学生分析和讨论。教师应该引导学生对案例进行分析,帮助他们提出问题、找出关键点,并通过讨论和互动展开深入思考。其三,引导反思和总结。学生应该被引导进行案例反思,总结案例教学的经验和教训,将实际案例的经验应用于理论学习中。其四,激发学习兴趣。案例教学应该充分利用案例的真实性和典型性,激发学生的学习兴趣和参与热情。对此可以通过提供多样化的案例、设置情境背景和引入互动元素等方式来增加学生的参与度。其五,结合其他教学方法。案例教学可以与其他教学方法结合使用,如讲座、小组讨论、角色扮演等,以提供更全面的教学效果。通过充分发挥案例教学的优势,并注意以上的注意事项,可以提高法学专业学生的实践能力和综合素质,更好地培养具有实践应用能力的法学人才。

2. 观摩法院庭审

观摩审判是一种易行的直观教学模式,适合于程序法教学,可以让学生、律师、法律实习生等人深入了解法庭程序和司法实践。它是通过将学生置身于真实的审判场景之中,直接观察和感受审判活动的方式,达到教育目的的一种模式。通过这种实践教学模式的进行,学生可以完整地了解庭审程序及规则,既能观察到法官如何审判,又能观察到当事人、律师、证人以及刑事案件公诉人等的诉讼行为,思考法庭如何通过程序公正实现实体公正等。具体而言,观摩法院庭审具有以下优势:其一,实践性。观摩法院庭审可以让学生亲身感受法庭程序和法律实践,帮助其将理论知识与实际应用联系起来。其二,有助于学生学习案例分析的方法。通过观摩法院庭审,学生可以学习案例分析的方法,了解不同案件的处理过程和法官、律师的辩论技巧。其三,有助于学生了解司法体系。观摩法庭庭审可以让学生更深入地了解司法体系的运作和法律程序,加深对司法实践的理解。其四,有助于培养职业素养。对于法律从业者来说,观摩法院庭审可以培养其职业素养,提高适应法庭环境和应变的能力。

观摩法院庭审是一种很重要的直观教学法,采用观摩法院庭审进行教学,应当注意:其一,尊重法庭规则。观摩者在法庭内应尊重法庭规则和程序,保持安静,不干扰庭审秩序。其二,保护当事人隐私。观摩者需注意保护当事人的隐私权,不得擅自拍照、录音或透露涉及个人隐私的信息。其三,遵守观摩规定。有些法院可能对观摩者有特定的规定,如着装要求、录音录像限制等,观摩者应遵守这些规定。其四,尊重法官和律师。观摩者应尊重法官和律师,在法庭内保持礼貌和专业。其五,积极学习总结。观摩后,及时总结观察到的情况、法庭程序和法律细节,对观摩经历进行反思和学习。通过观摩法院庭审,人们可以更好地理解法律实践,培养专业素养和法律意识。同时,遵守观摩规定和注意事项可以确保观摩活动的顺利

第四章　法学专业构建"政产学研用协同育人机制"的可行性

进行,并从中得到更多的收获和启发。

3. 模拟法庭教学

模拟法庭教学是指模拟法院开庭审理的方式,在老师的精心安排下,案件中的角色如原告、被告、诉讼中的第三人、诉讼代理人、审判人员、检察官、证人以及其他诉讼参与人分别由不同的学生扮演,依照人民法院法庭庭审的模式审理某一案件。传统的法学教学注重理论知识的传授,而模拟法庭教学将理论知识与实际案例相结合,使学生将课堂中所学到的法学理论知识、司法技能等综合运用于实践,真正实现了理论与实践相结合,更具有实践性与应用性的特点。学生可以通过亲身体验和解决实际问题,更好地理解和应用所学的法律理论,增强对法律知识的理解和记忆。模拟法庭教学可以让学生身临其境地参与到真实的法律案件中,提高他们的实践操作能力。通过模拟审判、辩论、证据收集等活动,学生可以锻炼自己的辩护、辩论和解决问题的能力。另外,有助于团队合作与协调能力的培养。在模拟法庭教学中,学生通常需要以团队合作的形式扮演各种角色,如法官、律师、证人等。这种团队合作的形式可以培养学生的协调能力、沟通能力和团队合作精神。

模拟法庭教学包括以下步骤:一是准备阶段。这一阶段的各项工作都应认真精心准备,包括案例选择、角色分配、指导学生熟悉案情、把握案情的重难点、案件事实争议的焦点、证据材料的收集与认定、相关法律文书的制作、组织预演等。二是组织开庭。在这一阶段,从发布开庭公告、进行开庭准备到作出判决均应严格依照法定程序进行。三是总结阶段。模拟法庭结束后教师应及时进行点评和总结。先由学生自我评价和互相评价,然后,由教师进行全面评价和总结。其主要围绕案件事实是否清楚、证据是否确凿、法律运用是否正确、法庭辩论是否有理有据，诉讼程序是否合法等进行评价和总结。

采用模拟法庭教学，需要注意以下事项：其一，教师需要给予学生足够的指导和辅导，确保学生正确理解案件事实和法律规定，并在模拟过程中提供必要的指导。其二，教学过程的安全性和伦理性。在模拟法庭教学中，教师需要确保活动的安全性和伦理性，如在模拟辩论中，要求学生尊重对方，不得使用侮辱性语言或采取攻击性行为。其三，教学方式的真实性和可信度。模拟法庭教学需要尽可能真实地模拟法庭的环境和程序，以增强学生对实际法庭工作的了解。因此，教师需要选择合适的案例、角色和场景，使模拟活动更加真实可信。其四，注重反馈和评估。教师应该及时给予学生反馈和评估，帮助他们发现问题、改进表现，并提供指导和建议，以促进学生的进步。总的来说，模拟法庭教学是一种非常有效的法学教学方法，可以提高学生的实践能力和综合素质。在实施过程中，教师需要关注指导和辅导、安全性和伦理性、真实性和可信度等方面的事项，以保证教学效果和学生的学习体验。

4. 法律诊所式教学

诊所式法律教育（Clinical Legal Education），源于美国哈佛的"诊所式"法律教育模式，是一门全面培养和训练法律实践技能的模式。法律诊所式教学是一种将学生置于真实法律环境中，通过与客户、律师和法院等相关方互动，进行实际案件处理和解决问题的教学方法。美国法学院于20世纪60年代率先提出诊所式法律教育模式，并在全球范围内产生了广泛而深刻的影响。目前，我国诸多高校也在相关政府部门的资金支持下开展了系列的法学诊所式教学模式。

这种教学模式不仅要求教师教给学生必要的基本的法学原理和法律知识，重要的是使学生掌握如何在现实生活中灵活使

第四章 法学专业构建"政产学研用协同育人机制"的可行性

用法律的各种技巧、方法,如何与各种人物及机构打交道,如何分析、查证事实的能力。具体而言,这一教学模式具有以下优势:其一,提供实践经验。法律诊所式教学可以让学生亲身参与真实案件的处理和解决过程,提供实践经验。学生可以在指导下独立承担法律事务,并与真实客户接触,从而获得宝贵的实践经验。其二,培养综合能力。通过法律诊所式教学,学生可以在真实案件中运用多学科知识,整合理论与实践,培养综合能力。学生需要分析法律问题、研究相关法规、撰写文件、进行谈判和辩护等,全面提高自己的专业素养。其三,有利于培养职业素养。法律诊所式教学强调职业道德和沟通技巧的培养。学生需要与真实客户进行有效沟通,理解客户需求,提供专业建议,并展现出良好的职业素养和伦理操守。其四,有助于提高自主学习能力。学生需要根据实际需求主动学习相关法律知识和技能,并解决案件中遇到的问题,从而强化独立思考和学习的能力。

采用法律诊所式教学需要注意以下事项:其一,履行指导与监督。学生需要得到教师或指导律师的适当指导和监督,确保其在实践中正确运用法律知识,遵守职业道德规范。其二,注意隐私和保密性。教师和学生应该严守客户的隐私和保密性,不泄露与案件相关的信息。学生应意识到案件材料和客户信息的保密性,并加以妥善处理。其三,学生应当秉持负责任和谨慎的态度。学生在法律诊所式教学中承担的责任不可轻视,其需要对案件处理过程中的行为和后果负责。教师应引导他们保持谨慎性,避免造成不良后果。其四,注重反思与反馈。学生在完成案件后应进行反思和总结,分析自己的表现和不足,并接受教师或指导律师的反馈,从而不断提高自己的专业素养和技能。总的来说,法律诊所式教学是一种有益的法学教学方法,可以培养学生的实践经验、综合能力和职业素养。在实施过程中,教师应注重指导与监督、隐私和保密性、负责任和谨慎性等方面的事项,以确保教学效果和学生的学习体验。

5. 法律实习教学

脱离校园是法律实习的基本特点。在这种法学教育模式中,学生深入司法实务部门,通过在司法实务部门的实际锻炼,自身的实务操作能力得到进一步强化,对法律的实际运作有更深的理解。实习模式是实践教学模式的"重头戏"。专业实习是指学生在所属实习基地或在实习单位指导老师的指导下,从事一定的实际工作以培养综合运用专业理论知识的能力、掌握一定的实际工作技能和社会知识的一种实践教学模式,其旨在为学生提供实际法律工作经验,并将课堂学习与现实应用相结合。

在法律实习教学过程中,应当关注以下因素:其一,法学院校应与法律从业机构、律师事务所、公司法务部门等建立紧密联系,以获得丰富多样的法律实习机会。学校可以组织实习招聘会或与相关机构进行协商,以确保学生有机会参与实习;学校还可以为学生提供指导和支持,以帮助他们找到合适的实习岗位。其二,提供实践指导和导师支持。在实习期间,学生应该得到指导和支持,以适应实际工作环境和任务。为此,学校可以指派教师或行业专家作为导师,与学生定期交流和评估实习进展。导师可以提供宝贵的反馈意见和建议,帮助学生强化实践技能和职业素养。其三,明确实际工作任务和项目。学生在实习期间应该参与真实的法律工作任务和项目,这些任务可能涉及法律研究、文件准备、案件分析、客户咨询等。通过参与实际项目,学生可以将所学的法律理论知识应用到实践中,从而提高自身的法律实务能力和问题解决能力。其四,注重反思和学习评估。在实习期间,学生应被鼓励进行反思和学习评

第四章 法学专业构建"政产学研用协同育人机制"的可行性

估,以整理和总结自己的实习经验,学校可以要求学生提交实习报告或写反思日志,以记录他们的学习和成长。此外,学校还可以组织学生分享会或座谈会,以促使学生互相交流实习经验和心得体会。其五,关注职业准备和就业指导。法律实习教学应该帮助学生更好地进行职业规划和就业,学校可以提供职业准备培训,包括简历撰写、面试技巧、职业道德等方面的指导。此外,学校还可以与就业机构、律师协会等建立联系,为学生提供就业指导和机会。总之,法律实习教学是法学专业教育中不可或缺的一环。通过提供实习机会、实践指导、实际工作任务和项目、反思与学习评估以及职业准备和就业指导,学校可以帮助学生获得实际法律经验,提高他们的实践能力和职业发展机会。

当前,法学专业法律实习一般放在大三、大四高年级或临近毕业的时期,分为集中实习、分散实习两种形式。法律实习基地多样化,既可以是法院、检察院,也可以是律师事务所。法律实习要想取得良好的效果,学生实习所在的司法机关或律师事务所的密切配合必不可少。最好的办法是由有经验的实务工作者来担任实习学生的指导教师,并相对固定下来。实习学生应当与指导教师一起处理法律实务,如作为助手协助办理案件。在这一过程中,实习学生可以初步了解与掌握某一方面的法律实务操作技术。

6. 信息化法学实验室教学

信息化法学实验室教学是一种基于信息技术的法学教学形式,它可以通过计算机、互联网和多媒体等现代技术手段,实现法学教育的数字化、网络化和智能化,以提高法学教学的质量和效果。在信息化法学实验室教学中,教师可以利用多媒体教学软件、网络教学平台等工具,将法学课程的知识点、案例、

— 101 —

法律文书等教学资源进行数字化处理，并通过网络平台进行共享和交流。学生可以通过电脑、手机等设备随时随地学习，还可以通过模拟法庭、法律案例分析等实践环节，提高自己的法律素养和实践能力。此外，信息化法学实验室教学还可以利用大数据、人工智能等技术，对学生的学习情况进行跟踪和分析，为教师提供更加科学的教学决策和个性化的教学服务。总之，信息化法学实验室教学是一种创新性的法学教学形式，它能够提高法学教学的质量和效果，培养更多具有实践能力和创新精神的法律人才。

  关于信息化法学实验室教学，武汉大学法学实验教学中心进行了有益的尝试。为回应"新文科"建设要求，自2018年以来，武汉大学法学实验教学中心已进行了一系列信息化建设的尝试，以"拓渠道，发展'互联网+法学教育'，推动法学教育与现代信息技术的深度融合……建立覆盖线上线下、课前课中课后、教学辅学的多维度智慧学习环境……"为出发点，将卓越法治人才教育培养计划2.0的要求融入法学实验室建设，拓展法学实验教学、实践教学乃至理论教学的物理空间，突破时间限制，打造信息化、智能化、泛在化的教学环境，使法学实验室成为法学教育改革的助推器。法学实验室是武汉大学"互联网+法学教育"的最前沿尝试。当前武汉大学法学实验教学中心四个教室的硬件设施包括视频录播系统、VR及太空座椅一体机、智慧教室系统，软件设施包括录播软件、VR课程软件、多媒体教育软件、实验室管理软件、电子班牌管理软件等。其中三个教室作为智慧教室，可作为机房单独使用，实现分屏显示、无线投屏、教师一键控制、智慧黑板等教学功能，也可录播、直播，并通过直播系统合为一个课堂。这些硬件设施为数据时代"新法学"人才的培养创造了充分的条件。

第四章 法学专业构建"政产学研用协同育人机制"的可行性

在线下教学的基础上，武汉大学法学实验教学中心学习平台于 2023 年 3 月正式上线。法学实验教学中心学习平台主要包括课程资源、实验教学、实训实验室、智慧教室预约等四个板块，旨在为师生提供充足的法学线上教学资源，充分发挥实验教学中心信息网络功能，为推进法学教学提供技术保障和平台支持。课程资源包括平时研修的法学课程和伟博法律大讲堂等讲座，它们以电子数据形式分类保存在平台中，同学们不用担心错过课堂要点和感兴趣的讲座。实验教学则是专属于法律人的游戏。如何为角色进行法庭辩护？纵火案的真实情况究竟如何？不同枪支的威力如何？以上种种问题的答案都在虚拟现实和虚拟仿真实验中。不输于和平精英的画质、比 CF（穿越火线）更贴合现实的枪支游戏，在娱乐中引导学生掌握法庭辩护技巧、了解破案流程。学生可以通过戴上 VR 眼镜和耳机体验中心的模拟现实系统，身临其境回到纵火案、枪击认定等情境中，感受不同抉择所面临的刑罚并进行法律分析。实训实验室则是法律援助中心。这里是象牙塔的窗口，法学专业学生可以志愿为各类群体提供法律咨询服务、处理公益诉讼案件，将自己所学投入实践、为他人伸出法律援助之手。智慧教室预约功能是平台的重点功能。对于学生而言，可以预约教室进行小型活动，为相关比赛商讨、各类赛事的线上技术提供支撑服务，还可以开一些小型研讨会等。对于老师而言，绿幕背景为录制课程提供了绝佳环境，VR 及太空座椅一体机可以极大提升同学们的听课体验感。登录预约账号密码与武汉大学信息门户一致。法学实验教学中心学习平台凸显信息网络技术服务法学教学工作的需要，平台的内容也不断丰富扩充，推出法学讲座、自主学习、布置作业等新的板块，满足同学们的网络学习需求。为了督促学生学习的积极性，平台的资源使用将常态化纳入法学教育教学管理基本要求和教育督导评价等相关考核制度，并形成相应的数据统计报告。

总之，信息化法学实验室教学方式强化了对法学专业学生实践能力的培养，是政产学研用协同育人机制的有益尝试，契合了卓越法治人才教育培养计划2.0在法学实践教育方面的绝大部分要求，实现了"新文科"建设在学科建设、人才培养和社会服务等方面的功能。

第五章
"植入式"法学政产学研用协同育人机制价值理念之设定

在我国全面推进依法治国和新文科建设的背景下,应用型、复合型、创新型卓越法治人才的培养是新时代法学教育的一项重要使命。卓越法治人才的培养目标、培养模式、学位学历、课程体系、实践要求、师资队伍建设等诸多环节都需要法学院校不断改革探索、不断总结完善。卓越法治人才培养并非一个院校、一个单位单独能够完成的任务,需要深化"政产学研用"五位一体的研究与教育模式,即将政府、产业部门、高校、研究机构和用人单位多方力量结合起来,将法学知识教育同特色法律服务机构合作培养人才结合起来,共同为复合型卓越法治人才培养贡献力量。[1] "植入式"法学政产学研用协同育人机制是在鲁东大学与盈科律师事务所已经签署的共建盈科法学院合作协议的基础上,探索以社会需求为导向,注重培养法科学生的开拓创新精神,培育具有法律伦理、法律思维、法律方法的卓越法治人才,符合法学院校和律师事务所的双重考核标准的全新的人才培养模式。这一模式的价值理念具体包括:

---

〔1〕 孟磊:《我国复合型卓越法治人才培养探究》,载《中国高教研究》2021年第11期,第73页。

一、明确思政引领

2023年2月，中共中央办公厅、国务院办公厅印发《关于加强新时代法学教育和法学理论研究的意见》，为创新推进法学教育和法学理论研究工作提供了根本遵循，并强调指出，要"牢牢把握党的领导是社会主义法治的根本保证""坚持用党的创新理论引领法学理论研究……教育引导广大法学理论工作者努力做先进思想的倡导者、学术研究的开拓者、社会风尚的引领者、党执政的坚定支持者""深刻把握新时代法学理论研究的政治性""把思想政治工作贯穿法学教育教学全过程，加强理想信念教育和社会主义核心价值观教育，强化爱国主义、集体主义、社会主义教育，深入推进法学专业课程思政建设，将思想政治教育有机融入课程设置、课堂教学、教材建设、师资队伍建设、理论研究等人才培养各环节"。历史和实践证明，在国家的政治体制中，政治理论、政治逻辑、政治立场对法治的影响是内在的、持久的、根深蒂固的。[1]习近平总书记曾指出："法治当中有政治，没有脱离政治的法治。"[2]法学人才培养必须坚持走中国特色社会主义法治道路，坚持以习近平新时代中国特色社会主义思想及其法治思想为指导，确保立法人才培养始终坚持正确的政治方向。2020年教育部出台的《高等学校课程思政建设指导纲要》规定："落实立德树人根本任务，必须将价值塑造、知识传授和能力培养三者融为一体、不可割裂。"据此，

---

[1]《习近平法治思想概论》编写组：《习近平法治思想概论》，高等教育出版社2021年版，第258页。
[2]《学习习近平总书记关于思维方式的重要论述｜习近平总书记论法治思维》，载https://www.12371.cn/2023/08/15/ARTI1692077966933160.shtml，2024年2月17日访问。

第五章 "植入式"法学政产学研用协同育人机制价值理念之设定

法治工作具有鲜明的政治属性,在法学人才培养过程中,对其思想政治素质有更高的要求,"植入式"法学政产学研用协同育人模式下,法学人才培养应当将思想政治理论培育放在首位,并将其有效融入法学知识传授和实践教学过程中,努力提升学生投身法治国家建设的使命感和责任感。思政引领法学协同育人是一种将思想政治教育与法学教育相结合的方式,旨在培养具有法治精神、道德素养和政治素养的法学人才。在实践中,思政引领法学政产学研用协同育人机制可以通过以下方式实现:

首先,强化课程思政建设。将思想政治教育融入法学课程中,通过案例分析、课堂讨论、实践活动等方式,培养学生的法治意识、道德观念和政治素养,实现法学课程思政常态化。习近平总书记 2017 年 5 月 3 日在中国政法大学考察时强调,法学教育要坚持立德树人,不仅要提高学生的法学知识水平,而且要培养学生的思想道德素养。法律制度作为上层建筑的重要内容之一,具有很强的政治性、阶级性、本土性。法学教育服务于法律制度的制定、执行,其主要内容是教授法律、训练法理、塑造法律理念和法律价值观,培育符合建设中国特色社会主义法治体系需要的专门性人才,具有很强的政治属性、文化属性和意识形态属性。历史正反两方面的经验和教训都证明,忽视了法学本科专业教育中的思政作用,就会导致法律职业者法律价值观缺失、法律道德沦丧,进而影响到法治中国建设的正确道路和发展方向。中国特色社会主义的法学高等教育必须高举马克思主义法学的旗帜,以习近平法治思想为指导,始终坚定正确的政治方向,潜心挖掘各个法学本科课程知识点所蕴含的思政元素,精心设计法学本科专业知识的思政融入点,在法学本科各门课程、在法学本科教育的各个阶段、在法学本科专业知识的学习过程中常态化地有机融入思政元素,以习近平法治思想的核心要义、社会主义核心价值观、中华优秀传统文化和道德品质等锤炼未来法治人才的品性，形成中国特色社会主义法学教育价值观。[1]

习近平法治思想提出的全面依法治国十一个方面中包含"坚持建设德才兼备的高素质法治工作队伍"，这一论述为新时期的中国法治工作队伍建设指明了方向，对于全面依法治国的大局和法学教育都具有十分重要的现实意义。法治工作队伍建设理论是习近平法治思想的重要组成部分，是新时代法治工作队伍建设的根本遵循。法学教育必须顺势而变，构建中国特色法治人才培养体系，就是要坚持立德树人、德法兼修、明法笃行，深化高等法学教育改革，完善在职教育培训体系，创新涉外法治人才培养模式。[2]在法学教育活动中要努力实现思政与课程教学的深度融合。法学是公平正义之学，法律是公正的艺术。法学专业的诸多课程中都蕴含着丰富的思政元素，新法学建设在教育上要构建专业、思政、创新三位一体、深度融合的三全育人体系，以发挥各门具体法学专业课程育人功能的导向，促进学生知识吸收、能力培养和价值塑造的有机结合，在涵养家国情怀、提升人文素养和培育责任意识等方面追求教学实效。[3]

推进"三全育人"是高校落实立德树人根本任务的必然要求，高校法学教育应当在加强思想政治课程建设的同时，充分挖掘法学人才培养专业课程中所包含的思政元素，有效地将塑

---

[1] 谢伟：《新文科背景下中国式法学本科教育改革路径探析》，载《广西社会科学》2023年第8期，第113页。

[2] 黄文艺：《论习近平法治思想中的法治工作队伍建设理论》，载《法学》2021年第3期，第9页。

[3] 窦衍瑞、王岩云：《习近平法治思想指引下的新法学建设》，载《法学教育研究》2022年第2期，第185页。

造正确的价值理念与知识传授、能力培养紧密结合起来,[1]这一协调、融入过程需要法学教师的深入参与和全过程、全方位介入。法学理念、原则、制度与时事政治、历史使命、国家政策息息相关。法学人才培养应当结合新兴技术革新的大背景和国家治理体系、国际竞争大环境进行构建。新文科理念引领下,应当以现代科技产业及国家的实际需求为导向,定位法学专业高质量人才的培养目标。所以,法学教师在传授理论和实践知识的同时,要发挥好思想政治的引领功能,突破校园、红色基地的思想政治空间界定,力图实现法学专业学生思想政治教育与社会环境的直接接触。法学教师在传授知识过程中,应当展现我国根本政治制度的优势、经验与功效,提升学生的民族自豪感与荣誉感,[2]实现学生思想政治教育与其自身成长的紧密结合,使高校的思想政治工作更深刻、更具有说服力,最终实现有效育人的目的。

其次,加强师资队伍建设。提高法学教师的思想政治素质和教学能力,鼓励教师参加相关培训和交流活动,提高教师的专业素养和教学水平。教师是人类灵魂的工程师,教师在传授专业知识的同时,具有重要和不可替代的育人功能,能够培养学生树立远大理想、高尚道德情操,厚植家国情怀。《中华人民共和国教育法》规定,"教育必须为社会主义现代化建设服务,为人民服务",要培养"德智体美劳全面发展的社会主义建设者和接班人",从而明确了教育的社会主义方向和人民性。要充分发挥教师的思政引领作用,教师在课程讲授过程中,要不断强

---

[1] 王学俭、石岩:《新时代课程思政的内涵、特点、难点及应对策略》,载《新疆师范大学学报(哲学社会科学版)》2020年第2期,第53页。

[2] 孟庆瑜、李汶卓:《政产学研协同育人模式下我国立法人才培养的问题审思与机制创新》,载《河北法学》2022年第10期,第91页。

化对学生的正确引导，如在《习近平法治思想概论》讲授过程中，培养学生在习近平法治思想的指导下的实践能力和创新创业能力；培养学生的法治理论素质，坚持习近平法治思想，提升学生综合素养。同时，还要引导学生深入社会实践、关注现实问题，引导学生树立正确的法治世界观、价值观；通过立德树人，德法兼修，帮助学生树立新时代中国特色社会主义法治思维，践行法治理念；培育学生经世济民、诚信服务、德法兼修的职业素养。2021年5月，教育部办公厅发布《关于推进习近平法治思想纳入高校法治理论教学体系的通知》（教高厅函〔2021〕17号），将"习近平法治思想概论"纳入全国高校法学专业核心必修课，在新版《法学类教学质量国家标准（2021年版）》中，《习近平法治思想概论》成为法学专业最重要的核心必修课。法学专业核心课程采取"1+10+X"分类设置模式。"1"即指《习近平法治思想概论》，其是讲授习近平法治思想形成发展的时代背景，实践逻辑、理论逻辑和历史逻辑，以及习近平法治思想的鲜明特色、核心要义的一门课程。地方高校法学教师可以通过课程讲授，使得学生掌握习近平法治思想的内容，掌握习近平法治思想蕴含的世界观和方法论意义，最终实现课程思政的目的。

再次，推进"政产学研用协同育人机制"。加强法学教育和思想政治教育的合作，建立协同育人机制，实现资源共享、优势互补，共同培养具有法治精神、道德素养和政治素养的法学人才。新文科要落实在"立德树人"根本任务上。2018年习近平总书记在全国教育大会上发表了《坚持中国特色社会主义教育发展道路 培养德智体美劳全面发展的社会主义建设者和接班》的重要讲话，指出："我国是中国共产党领导的社会主义国家，这就决定了我们的教育必须把培养社会主义建设者和接班

第五章 "植入式"法学政产学研用协同育人机制价值理念之设定

人作为根本任务，培养一代又一代拥护中国共产党领导和我国社会主义制度、立志为中国特色社会主义奋斗终身的有用人才。这是教育工作的根本任务，也是教育现代化的方向目标。""树人"是培养人才，是开发人的工具属性，"立德"是树立品德，是修炼人的社会属性，培养人才就是通过专业知识、技能的学习和训练使人能够胜任某个专业技术领域的需求并创造价值。古人云："君子不器。"人应该具有修身、齐家、治国的素养，否则就会德不配位。对此，我国高校要在"立德树人"上下足功夫，用实际行动回答"培养什么人、怎样培养人、为谁培养人"的重大问题。我国高等教育在培养人才方面取得了显著的成就，但深入反思，文科教育游离于工学等学科之外，在培养方面还有许多完善的空间。[1]

复次，注重实践教育。学校通过开展法律援助、社会实践、模拟法庭等活动，让学生在实践中了解法律知识、培养法治意识和道德观念，增强学生的实践能力和社会责任感。以第一课堂"法律职业伦理"为主阵地，深入做好法科学生司法伦理和职业道德教育，进一步通过举办法官检察官讲座、职业沙龙、实地考察、庭审旁听等活动，培养学生对司法事业的敬畏之心；建立健全成长工作室学生队伍，发挥学生自主学习能力，由点及面，将法律职业启蒙教育延展、落实到学生整体；通过组织开展法律职业礼仪、职业技能（中英文法律文书撰写、中英文法庭辩论技巧）培训沙龙活动，培养法科学生的职业技能；凝聚辅导员、导师、导生和优秀校友合力，拓展成长工作室的校外合作基地，输送学生到校外合作基地走访、实践、实习，助

---

[1] 王建伟、马金福：《新文科内涵、建设路径和实施策略——以北方民族大学为例》，载《北方民族大学学报》2022年第2期，第160页。

力法学专业学生法律职业生涯规划发展,提前感知法律职业生涯。[1]

最后,推进法治文化建设。加强法治文化建设,弘扬法治精神,提高全民法治意识和道德素养,为法学教育提供良好的社会环境。我国社会主义事业建设的领导核心就是中国共产党,其亦是社会主义法治建设的领导核心。只有坚持党的领导,才能保证我国社会主义法治建设发展的正确方向。2018年教育部、中共中央政法委员会《关于坚持德法兼修实施卓越法治人才教育培养计划2.0的意见》指出,要"大力推进中国特色社会主义法治理论进教材进课堂进头脑,将社会主义核心价值观教育贯穿法治人才培养全过程各环节"。如何把社会主义法治信仰教育落地做实,扎实推进习近平法治思想进教材、进课堂、进头脑,是社会主义法治人才培养,也是新法科建设的首要任务。[2]以社会主义法治信仰为核心的价值追求,实现价值引领,不断强化法治信仰教育。习近平总书记在中共中央政治局第三十五次集体学习时指出,"要把中国特色社会主义法治思想落实到各法学学科的教材编写和教学工作中,努力培养造就更多具有坚定理想信念、强烈家国情怀、扎实法学根底的法治人才"[3]。学校应在习近平法治思想引领下,坚守第一课堂主阵地,构建中国特色社会主义法学教育体系,系统开展学生法治信仰教育。紧紧抓住法科学生教育的关键阶段,开设《习近平法治思想概论》《习近平

---

[1] 叶青、王晓骊、寿新宝:《以书院制为依托的新法科建设探索——新文科视野下的卓越法治人才培养》,载《新文科教育研究》2022年第1期,第17页。

[2] 叶青、王晓骊、寿新宝:《以书院制为依托的新法科建设探索——新文科视野下的卓越法治人才培养》,载《新文科教育研究》2022年第1期,第15页。

[3] 《习近平在中共中央政治局第三十五次集体学习时强调 坚定不移走中国特色社会主义法治道路 更好推进中国特色社会主义法治体系建设》,载《人民日报》2021年12月8日。

第五章 "植入式"法学政产学研用协同育人机制价值理念之设定

新时代中国特色社会主义思想概论》《法治中国》等课程，形成以习近平法治思想为引领、课程思政全覆盖、法治信仰教育融贯人才培养全过程的综合育人课程体系，全面培育学生以人民为中心的法治信念、实事求是的法治思维、关注民生的人文精神，实现习近平法治思想全过程全环节融入课堂教学主渠道。[1]

总之，思政引领法学协同育人是一种有效的教育方式，可以培养具有法治精神、道德素养和政治素养的法学人才，为社会的法治建设和经济发展提供人才支持。

二、树立法律实践需求导向

这一导向是为了回应社会需求的目标定位。新文科建设的要义在于引领学科发展方向，回应社会关切，打破学科壁垒，解决新时代提出的新问题。新时代法治人才的培养不仅要应对日新月异的科技发展给社会带来的深刻变革，更要满足法治中国建设的强大需求。在遵循文科教育和人才培养基本规律的前提下，积极推进法学学科融合创新，并将学术研究的最新成果反哺人才培养，不断探索复合型法治人才培养的新模式，这不仅是新法科建设的应有之义，更是应尽之责。[2]通过调研多所法学院校的学生培养目标、课程设置、课程教材、师资队伍、实践基地等方面的现实情况，可以发现当前高校法学人才培养机制难以满足社会对法学专业人才的现实需要。大部分法学专业学生应当具备的实务能力仍然处于低水平、不全面的状态。对此，应当围绕培养适合社会需要的应用型、国际化、高层次

---

[1] 叶青：《统筹国内法治和涉外法治 坚持全要素法治人才培养》，载《新文科教育研究》2021年第1期，第117页。

[2] 叶青、王晓骊、寿新宝：《以书院制为依托的新法科建设探索——新文科视野下的卓越法治人才培养》，载《新文科教育研究》2022年第1期，第15页。

法治人才，设计有关法学人才培养的规章制度和具体流程。法学是一门实践性很强的学科，应该借由律师事务所的实务经验，充分了解社会需求，将培养法科学生的重点放在如何提高学生的职业技能、工作能力，提高学生对社会需求的适应性上，从而培养学生具有更强的执业本领和社会担当。同时坚持以人为本，把促进人的全面发展、适应社会需要作为衡量法学教育质量的标准。总之，"植入式"法学政产学研用协同育人模式强调充分发挥法学教育、就业双重功能，既遵循法学教育的规律和特点，又强化素质教育，坚持社会需求导向，更好地面向社会办学，促进人的全面发展。秉承这一基本导向，"植入式"法学政产学研用协同育人机制遵从有利于培养学生实践能力和形成法律职业素养的原则，并进一步设计教学方法和教学环节，恰当安排教学内容。本部分以法学专业中的卫生法学方向为例，对"政产学研用协同育人机制"建设中法律实践需求导向下的人才培养进行阐述。

（一）一般原则

卫生法学极具实践性，唯有创建一个体系化的实践教学模式，才能最终培养出适应时代需要的卓越卫生法律人才。传统的卫生法学教育模式虽有其合理性，但也存在弊端。当前我国卫生法学教育应该走精英化、职业化教育的道路，在重构卫生法学实践教学路径过程中，应大胆改革与创新，遵循如下两个原则：

一方面，有利于培养卫生法律实践能力的原则。这是构建卫生法学专业实践教学路径的核心原则，遵循该原则意味着卫生法学理论教育应当与医学法律实践相结合并贯穿整个人才培养过程中，最终实现医学法律理论和实践互交后在功能上彼此刺激、互补或制约，发展成为和谐的相对稳定的整体。卫生法

第五章 "植入式"法学政产学研用协同育人机制价值理念之设定

律实践能力,是学生运用法学和医学的基本理论和技能,独立分析和解决卫生法律活动中实际问题的综合能力,主要包括法律思维能力、法律表达能力和法律运用能力等,对这一能力的培养尤其重视个案分析能力的培植、法律调查能力的培养、卫生法律服务能力的锻炼,它是卫生法学专业人才必备的素质之一,而以能力培养为核心的实践教学是培养学生理论联系实际能力的根本途径。

另一方面,有利于卫生法律职业化素质形成的原则。法学本身是一门实践性很强的学科,对法学人才评价的重要标准就是其是否拥有较强的职业技能,故而,有利于卫生法律职业化素质形成是构建卫生法学实践教学路径应遵循的重要和最终原则。世界教育发展的潮流是扩大职业教育,德国等国在改革本科教育中引入职业教育模式,就趋势而言,本科教育将被职业教育看好。顺应世界潮流,我国的卫生法学本科教育应构建卫生法学职业教育的精神,走职业教育之路。法学教育不仅是单纯的知识传授和学术培养,而且是一种职业训练,应当教授的是法律职业者必备的技能和素质。[1]提高法律实践能力对于卫生法学专业学生的就业是至关重要的。唯其如此,才能凸显该专业的学科特色,发挥自身优势。美国法学教授托马斯·摩根认为"法学院的学生们需要工作技能,忽略技能训练会给学生们带来危害,技能应该伴随学生度过整个工作生涯"。[2]故而,在卫生法学人才培养过程中应大力运用多种形式的实践教学路径,将医学和法学两种实践教学结合起来,推动其相互促进和

---

[1] 曾宪义、张文显:《中国法学专业教育教学改革与发展战略研究》,高等教育出版社2002年版,第125页。
[2] [美]E.博登海默:《法理学:法律哲学与法律方法》(修订版),邓正来译,中国政法大学出版社2004年版,第531页。

补充，最终培养、提高学生的实践能力和职业化素质，为学生将来步入社会奠定坚实的基础。

(二) 具体思路

实践教学的目的是让学生从经验中学习，掌握运用一般的知识和原理解决实际问题的能力和技巧，形成职业品德和操守。卓越卫生法律人才培养目标决定了其实践教学应当进行特殊的设计，具体包括三个方面：

1. 教学方式的选择应有助于医法知识的掌握和运用

卫生法学实践教学的方式很多，如案例讨论、模拟法庭、观摩庭审、社会实践、法律诊所等。就众多实践教学方式而言，针对卫生法学存在的特点，我们尤其应当重视法律诊所。法学诊所教育，是20世纪60年代在美国兴起的法律实践性课程。其仿效医学院校利用诊所实习培养医生的方式，而设立具有一定形式和内容的法律诊所，使得学生能够接触到实践中真实的案例和真正参与到处理程序中来。学生在诊所教师的指导下，一方面学习到如何运用已学到的法律知识，另一方面也培养了运用法律的实际能力，对法律有了深入理解，这不仅有助于缩小法学院知识教育与专业技能的距离，也有利于培养学生的职业意识观念。[1]卫生法学实践教学之所以应当重视法律诊所这一实践教学方式，原因有三：其一，有利于培养学生主动学习理论知识与解决实践问题的能力。因为案例是实践中真实发生的，故而学生必须积极主动探求案件事实真相，在实践中不断强化吸收已学过的理论知识。另外，学生通过参与真实司法个案，在实践中深刻理解法律职业技能和职业责任的同时，不断思考

---

[1] 莫洪宪：《临床法学教育与法学人才培养——平等式对话教学方式的魅力》，载《法学评论》2002年第1期，第152页。

第五章 "植入式"法学政产学研用协同育人机制价值理念之设定

和提高各种法律技能，诸如如何对证人、当事人进行有效询问，如何收集、固定证据，如何区别认定关键事实，如何对法律进行检索、解释和适用等。[1]其二，法律诊所方式的产生和运行程序与医学科学本就具有血脉渊源。法律诊所原本就是法学专业借鉴了医学生的实践培养模式，二者在程序的运作方法、步骤、注意的问题以及实现的目标等方面有众多相通、相似之处。同时，卫生法学专业学生因为本就受过医学的训练，故相比于纯法学院学生，其对法律诊所这一实践方式有更强的适应和更深的体悟，并能收到更好的实践效果。其三，有利于培养学生的职业道德。具有社会正义感、责任感是对卫生法方向人士最起码的要求。当前，我国的法律援助资源还比较匮乏，法律援助供不应求，而让学生通过卫生法诊所为社会提供法律援助服务，代理委托人参加诉讼，既锻炼了学生，使其掌握了诉讼程序，提高了对社会的认识，将所学的知识用活，同时也磨炼了学生，使其在老师的正确指导下，能在复杂的社会环境下坚持追求社会公正，从而在毕业后拥有一个更加光明的未来。

2. 教学环节的设计应有助于实践能力的锻炼和培养

卫生法学专业学生的实践教学环节应着力抓好临床见习和毕业实习。临床见习主要在医疗机构进行，但见习的目的并非掌握临床的各种基本诊断和医疗技术，而是使学生了解临床中对疾病的诊疗流程，进一步熟悉各项医疗操作规范，学习医患沟通和交流的技巧等，最终培养学生的创新能力和实践能力以及解决实际问题的能力。根据培养卓越卫生法律人才的目标，

---

[1] 杨欣欣主编：《法学教育与诊所式教学方法》，法律出版社2002年版，第142页。

学生的毕业实习可分为两个阶段，一是到法院、检察院等公安司法机关和律师事务所实习，主要是熟悉和掌握各种司法程序，如立案、起诉、应诉、审判、送达、执行等。二是到卫生行政机关、医院的医政科室、医疗纠纷调解中心等实习，主要是了解我国当前医院的卫生法制建设情况和实践中医疗纠纷的发生状况，进一步探究医疗纠纷发生的原因以及医疗案件的处理方法和解决途径等，[1]以利于学生实践能力的锻炼和培养。进而言之，实践能力的培养主要包括以下三个方面：其一，医事个案分析能力的培植。从实践中具体个案分析入手，可以培植卫生法学专业学生的理论研究能力以及与实践相结合的能力，并最终形成独立解决实际问题的能力。还可以通过实践教学中的案例讨论、模拟法庭中的角色扮演以及案例教学等方法，引导学生认真分析具体案件中蕴含的法律关系、法律价值，最终增强学生对个案的思考、研究等分析能力。其二，卫生法律调查能力的培养。实践中的卫生法案例往往涉及很复杂的法律关系和繁琐的处理程序，这就需要卫生法学专业学生具备较强的调查能力。通过法律调查，一方面可以准确地把握案件的关键事实、当事人争议的焦点、证据的真伪等，另一方面也可以清楚地认识医疗纠纷的产生原因、发展状况以及救济的方式、途径与措施，并从中进行相关卫生法学理论的思考和研究，最终发现解决医疗纠纷的方法。其三，卫生法律服务能力的锻炼。良好的卫生法律服务能力是卫生法方向学生的理论能力和实务能力相结合的必然结果，更是两者的综合展现。卫生法律服务具体包括律师医事业务、卫生法律援助、卫生法律咨询、卫生法

---

[1] 崔玉明、贾敬鸿：《医事法学专业特色的形成路径探讨》，载《中国煤炭工业医学杂志》2010年第5期，第817页。

第五章 "植入式"法学政产学研用协同育人机制价值理念之设定

律论证等内容。通过参与各项卫生法律服务工作,培植敬仰卫生法律、尊重卫生法律、促进卫生法发展的理性和信念,检验运用卫生法学理论的熟练程度,提高处理各种卫生法律事务的能力。[1]

3. 教学内容的安排应有助于卓越卫生法律人才的造就

实践性法学教育有利于学生的学习知识和运用知识能力的培养和提高,有利于学生运用知识分析和解决问题的实践能力的形成,这正是传统的单一的理论教学模式所不具备的功能,而前述相关能力又是现代社会法律人才所应具备的重要素质。因此,必须确认实践性教学的学科地位,明确其独有的教学内容。[2]实践性卫生法学教学应是一个系统的、动态的、开放的体系,每种不同的实践方式都有自己的特点、功能以及不同的运行规则。另外,不少高校尝试构建高校与实务部门联合培养机制,寻求实践"练学交替"的教学模式等,以期培养创新能力强、适应社会发展需要的卓越卫生法律人才。西南政法大学的"实务人才实验班"和"学术人才实验班"首先做了有益的尝试。其分别制定人才培养方案独立培养,配置高水准的师资团队,项目人才统一实行择优培养、末位淘汰和选拔递补机制,并力求在学制上有所突破。同时推广小班教学和启发式、思辨式、案例式等教学模式。其中,"实务人才实验班"特别突出社会实践环节,"学术人才实验班"则侧重科研创新能力的培养。故而,教育者应根据情况灵活运用,才能克服传统法学教学模式的不足,培养出适应社会需要的卓越卫生法律人才。卫生法

---

[1] 石悦:《学业能力与就业能力:医事法学专业本科生的培养目标》,载《中国高等医学教育》2010年第10期,第21~22页。

[2] 杨晓香:《构建实践性法学教学模式》,载《中国教育报》2007年8月17日。

学专业的学生，应当具备融会贯通地运用法学和医学知识解决涉医涉法问题的能力，这种能力的形成，一个有效的习得方法是：让他面临具体的任务或问题情境，由他自己决定选择运用哪些概念和规则。[1]因此，各种实践教学方式的内容安排，应当侧重既涉法又涉医的问题，同时能激发学生对卫生法律的兴趣。在兴趣的导引下，安排教学内容，使得实践教学成为学生综合运用法学和医学知识的过程，更有利于学生对法学和医学知识的掌握及应用能力的提高，从而最终培养造就出创新能力强、适应社会发展需要的卓越卫生法律人才。

三、注重人才引进绩效

"植入式"法学政产学研用协同育人模式考虑人才与学院目标的符合度，以及对学院发展的实际贡献，确定人才引进标准和层次认定标准。人才培养是现代大学的重要职能，是建设一流学科的要义之一。学科建设和人才培养贯穿大学治理始终，知识的整合创新和人才培养已成为学科建设的双重内核。秉持价值理性教育观，坚持学科建设和人才培养在教育实践中的统一，都离不开教师这个授业解惑的主体，所以应当根据学院发展的具体情况确定人才引进。

首先，多元化的人才引进策略。制定针对不同领域和层次人才的引进策略，包括引进的数量、质量要求、引进对象的特点等，确保引进的人才能够填补团队在专业知识、研究能力和实践经验方面的不足。为实现法学人才引进的长效机制，鲁东大学近几年相继出台多项政策。例如，出台《鲁东大学本科教

---

[1] 任长松：《探究式学习——学生知识的自主建构》，教育科学出版社2005年版，第205页。

第五章 "植入式"法学政产学研用协同育人机制价值理念之设定

学研究项目与成果培育管理办法》，加大支持和培育力度；将省级教学研究项目作为学校教学关键绩效进行奖励，修订《鲁东大学关键发展绩效项目及任务》《鲁东大学关键发展绩效成果奖励办法》；将教学研究项目纳入职称评审体系和岗位考核体系，修订《鲁东大学专业技术岗位竞聘申报条件》，围绕建设一流本科专业、一流本科课程、教学模式改革、课程思政等内容，大力推进开展教学研究工作。同时，盈科法学院为了鼓励相关人才积极探索法学专业人才培养模式，对省级教学研究项目和国家级教学研究项目给予奖励。

其次，拓展师资引进渠道。盈科法学院拟定了以下四种人才引进方式：补充合同聘任制师资、招收博士后师资、柔性引进、全职引进。在相应机构构建上，法学院制定合同制度，规定教师的待遇与任务相匹配，不断探索新型的人才引进渠道，优化本校的法学专业师资队伍。在具体实行措施上，法学院可以结合实际实施"一人一策"与"一院一策"的精准人才引进策略，提高人才引进的质量。

再次，夯实教师事业基础。法学院从教师未来的发展方向着眼，为他们提供针对性的法学教学职业生涯规划，具体从以下三点入手：其一，立足培养高层次人才培养梯队，对教师进行分类，设定对应的领军人才方案；为引进的人才制定个性化的培养计划，结合其专业背景和研究兴趣，通过导师指导、项目支持等方式，帮助其快速融入团队，提升绩效。其二，立足构建国际化师资队伍，开展多种形式的国际化教师互派制度，拓宽本校教师视野，促进国际化师资队伍的建设。其三，构建多元化发展平台，实行岗位分类制度，如设立实践基地特聘岗位和专职科研岗位等，满足不同水平法学院教师的发展需要。促进团队成员之间的沟通与合作，共同攻克研究难题，实现协同创新。引进的人才应该与团队其他成员密切合作，形成良好的协同育人氛围。

复次，落实高层次人才服务。其一，构建全方位的保障和支持机制。在进行此机制的构建中，法学院一方面可以落实各级法学教师人才培训、考核机制，另一方面可以设立人才引进办公室，专门负责高层次人才服务管理。其二，构建各部门协调机制。为了促进法学教师素质的提高，高校需要构建各部门协调机制，从更为全面的角度对入职教师进行评价和指导，提升他们的法学专业授课水平。其三，完善推荐机制。法学院可以以教师的教学优势和特色为依据，对本学院法学教师进行分类，构建高层次的人才培养机制，并结合教师的教学优势，推荐相应的法学研究项目。其四，构建高薪资体制。法学院需要构建高薪资体制，真正吸引高层次人才，促进本学院法学教师队伍的优化。其五，推动教师专注科研。在推动法学院教师专注科研方面，法学院可以制定相应的奖励机制：一方面对聘期内取得科技成果的教师给予相应的物质奖励。建立激励机制，包括薪酬福利、科研项目支持、职称评定等方面，激励引进的人才在研究和实践中取得优异的绩效。另一方面构建高层次人才奖励机制，如探索高层次人才薪酬制度，保证高层次人才与引进人才同等待遇，激发本校人才科研积极性，提升本院的科研水平，增强教师的综合教学能力。其六，建立定期评估机制，对引进人才的绩效进行量化评估，并及时给予反馈。根据评估结果，调整培养计划和激励措施，不断提升人才的绩效水平。通过以上措施，可以有效地提高法学政产学研用协同育人机制中人才引进的绩效，实现人才的快速成长和团队整体实力的提升。

最后，面向世界，打造国际师资队伍。在进行国际化师资

第五章 "植入式"法学政产学研用协同育人机制价值理念之设定

队伍的建设过程中,法学院需要落实"大树移植"和"小树栽培"的策略。法学院不仅可以引进具有海外留学背景的高层次人才以及外籍专家,也可以派遣本校法学专业优秀教师到海外交流、访学,并搭建多种形式的国际合作项目,拓宽本校教师的国际视野,提高本校师资队伍的国际化比重。一方面,着眼内培,创造对外交流机会,拓宽法学院教师国际视野。法学院教师可以结合本校实际,构建多种形式的境外访学计划,积极搭建出境交流平台,尤其是为教师提供多种境外交流机会,让教师真正在外访其他国家的过程中拓宽国际视野,促进本校师资队伍国际化水平的提升。另一方面,侧重外引。引进国际化高端人才,提升法学院外籍师资比例。在引进国际化高端人才时,法学院可以充分运用国家的各种有利政策,如"高端外国专家项目",并结合本学院的实际,制定相应的外籍教师应聘制度,重点从外籍教师的工作流程、薪资待遇以及教师来源等方面,吸引更多的外籍高端法学教师,提高本学院外籍教师的比例,增强本学院教师队伍的国际化水平。

四、鼓励开拓创新

"植入式"法学政产学研用协同育人机制是将政府、产业部门、高校、研究机构和用人单位多方力量结合起来进行合作共建的教育培养体系。在这样的机制下,鼓励开拓创新非常重要,因为创新是推动社会发展和提升个人综合素质的关键。在法学领域,开拓创新可以体现在法律理论研究、法律实践方法等方面;产业领域则关注技术创新、商业模式创新等;学术研究追求学科交叉创新、学术观点创新;应用则注重将理论研究和实践结合,推动创新成果落地、服务地方,并产生社会影响。应当强调,"创新"在"新文科""新法学"背景下,意义重大。

就法学人才培养教育角度而言,"开拓创新"指应当充分考虑新时代的急切要求,及时应对世界大环境的不断变化,在知晓国家需求与社会需要,总结法学人才培养模式的经验和教训的基础上,积极整理高等教育与法学教育的前沿研究成果,回应国内外法治建设形势,在法学教育理念、原则、理论、方法、技术、模式等方面谋求创新,推进文与理、人文与社科、中与西、知与行、古与今的融会贯通。[1]新文科与传统文科相较,它的精髓和灵魂就在于创新。在"新文科"背景下,应当回应数字时代的挑战,树立新的法学人才培养目标及思路,摸索法学人才培养的新模式、新方法和新标准。工业时代到信息时代的转变,是从机械思维到数据思维的转变。[2]当今信息革命,不仅拆除了物理时空的围墙,还创造出了奇妙的数字孪生、平行世界、元宇宙等,重塑了生活方式,重建了社会结构,再造了社会运转机制,形成了与工商社会完全不同的连接方式、行为模式、知识体系、价值体系以及社会结构,[3]数字法学全新崛起。信息法学、人工智能法学、计算法学等数字法学的理论研究,大都是方法论路径或者认识论路径。方法论路径的核心在于,把数字法学视为现代法学的一种拓展方法、革新策略和优化路径。[4]它基本是在新文科、新法科建设背景下来展开讨论和分析的,认为数字时代应突破传统文科的理论工具和研究手段,转向

---

[1] 刘坤轮:《〈新文科建设宣言〉语境中的新法科建设》,载《新文科教育研究》2021年第2期,第79页。

[2] 王天一:《人工智能革命:历史、当下与未来》,北京时代华文书局2017年版,第95页。

[3] 王天夫:《数字时代的社会变迁与社会研究》,载《中国社会科学》2021年第12期,第88页。

[4] 马长山:《数字法学的理论表达》,载《中国法学》2022年第3期,第121页。

第五章 "植入式"法学政产学研用协同育人机制价值理念之设定

运用现代科技、信息技术和人工智能,特别是要运用算法,将文科的定性方法与定量方法相统一,彰显新文科的科学性,[1]从而更好地应对数字文明转型带来的挑战。在 AI 法律和法律 AI 互补发展的背景下,大数据分析、法律认知、专业解释等方法为数字法学提供了新兴动力。[2]

山东是教育大省,拥有高等学校百余所,在校生近 200 万人,但"双一流"大学数量落后于江苏、湖北、四川等省份,和经济大省的地位不匹配。同时,该省各高校的法学专业教育存在着片面强调理论传授、学生实践能力不足、人才培养模式封闭、机制僵化单一等问题。坚持以党的领导为前提,探索一条文科产教融合可供复制的新思路已成当务之急。鲁东大学盈科法学院探索的"植入式"法学政产学研用协同育人模式既能充分发挥学校人才培养、法学研究、服务地方的功能,又引入现代行业理念,实现理事会决策、院务委员会执行、发展顾问委员会咨询、秘书处具体联络和协调的高效运转机制,实现法学学科建设和法治人才培养的国际化、信息化、专业化,是文科领域创新的结果。"植入式"法学政产学研用协同育人机制中鼓励开拓创新可以通过以下方式实现:

首先,提供多元化的教育资源和平台,鼓励学生跨学科学习和思考,激发创新灵感。提供多元化的教育资源和平台是鼓励学生跨学科学习和思考,激发创新灵感的重要手段。通过丰富的资源和平台,学生可以接触到不同领域的知识和经验,拓宽学习视野,并激发出新的创新灵感。其一,学校可以通过提

---

[1] 徐飞:《新文科建设:"新"从何来,通往何方》,载《光明日报》2021年3月20日。
[2] 马长山:《数字法学的理论表达》,载《中国法学》2022年第3期,第126页。

供丰富的图书馆资源、电子资源和在线学习平台，为学生提供广泛的学习材料和知识来源，这些资源可以涵盖多个学科领域，以使学生能够自主选择感兴趣的领域进行学习和探索。此外，学校还可以通过邀请跨学科领域的专家或行业人士来学校举办讲座、工作坊等活动，为学生提供与专业人士的交流和互动机会。其二，学校可以通过建设跨学科研究中心或实验室，为学生提供进行跨学科研究的平台。学生可以在这样的中心或实验室中组建团队，开展跨学科的研究项目，以促进学科之间的融合和交流，激发创新思维和探索精神。同时，学校可以提供相应的经费和设备支持，保障学生的研究活动顺利进行。其三，学校还可以引入跨学科的课程设置，鼓励学生进行跨学科学习。学校可以通过设置跨学科的选修课程或跨学科项目课程，让学生在不同学科的领域进行学习和思考，并帮助学生理解不同学科之间的联系和互补，培养他们的综合思维能力和创新能力。其四，学校还可以鼓励学生参与学术科研竞赛、创新创业比赛等活动。这些比赛可以涵盖多个学科领域，鼓励学生跨学科合作和创新。学校可以提供指导和资源支持，帮助学生参与这些比赛并展示其创新成果。总之，提供多元化的教育资源和平台是促进学生跨学科学习和思考，激发创新灵感的重要措施。通过提供丰富的资源、建设跨学科研究中心、引入跨学科课程设置和鼓励学生参与学术科研竞赛等方式，学校可以营造一个多元化的学习环境，培养学生的综合思维和创新能力。

其次，开展跨学科的课程设计和项目实践，让学生在不同领域中接触和解决现实问题，培养创新能力。开展跨学科的课程设计和项目实践是培养学生创新能力的一种重要方式。通过跨学科的学习和实践，从而获得更广泛的知识和技能，培养综合思考和解决问题的能力，激发创新思维和创造力。其一，跨

第五章 "植入式"法学政产学研用协同育人机制价值理念之设定

学科的课程设计可以帮助学生将不同领域的知识进行整合和应用。传统的学科划分限制了学生对知识的全面理解和应用能力。而跨学科的课程设计可以打破这种限制,不仅能让学生从多个学科的角度去理解和解决问题,还能让学生更全面地认识到问题的复杂性和多样性,并培养出解决复杂问题的能力。其二,跨学科的项目实践可以促进学生的合作和创新能力。在跨学科的项目中,学生需要与来自不同学科背景的同学合作,共同解决问题,从而培养团队合作和沟通协作的能力,并且可以从各个学科的专业知识中汲取灵感和创新思维。学生在跨学科项目中的实践经验可以增强他们对问题的全局认识,培养出创新思维和解决复杂问题的能力。其三,跨学科的课程设计和项目实践也有助于培养学生的批判思维和创造力。学生在跨学科的学习和实践中需要不断思考和质疑,挑战既有的观念和方法,能够激发创新意识,培养出创造性解决问题的能力。为了有效开展跨学科的课程设计和项目实践,学校可以采取以下措施:设立跨学科课程和项目组,聚集来自不同学科背景的教师和专家,共同设计和指导学生的学习和实践;提供学生参与跨学科项目的机会,例如开设选修课程、项目实践课程或参与学术竞赛等;鼓励学生主动参与跨学科的学习和实践,培养他们的自主学习和合作能力;提供相应的资源和支持,如图书馆、实验室、设备以及导师指导等。综上所述,通过开展跨学科的课程设计和项目实践,学校可以为学生提供更广阔的学习领域和实践机会,培养其创新能力,使其为未来的职业发展做好准备。

再次,建立导师制度,指导学生进行研究和创新实践,提供专业支持和建议。建立导师制度是培养学生实践能力和推动创新的重要途径之一。导师能够为学生提供个性化的指导和支持,促进他们在实践中的成长和发展。应当为每位学生分配一名导师，导师可以是教师、业界专家或校友等，负责学生的学术指导和个人发展。导师应定期与学生会面，指导他们的学习和实践活动，并提供及时的反馈和建议。一方面，导师可以帮助学生规划和实施实践项目，引导他们解决问题和应对挑战，促进实践能力的提升。建立由多位导师组成的导师团队，涵盖多个领域的专业知识和经验，有利于为学生提供全方位的支持和指导。另一方面，导师可以提供学术研究支持，进行职业规划和指导。导师可以指导学生进行学术研究，帮助他们选择研究课题、撰写论文，并参与学术会议和比赛；导师可以帮助学生规划职业发展路径，介绍行业动态和就业信息，引导他们提升就业竞争力。总之，通过导师制度，学生可以在实践中获得有效的指导和支持，提升实践能力和创新能力，为未来的职业发展打下坚实的基础；导师制度也能够促进学生与导师之间的交流与互动，建立良好的师生关系，激发学生的学习激情和创造力。

复次，鼓励学生参与创业实践和社会实践，培养实际操作能力和创新意识。鼓励学生参与创业实践和社会实践非常重要，不仅可以帮助他们培养实际操作能力和创新意识，也可以让他们将理论知识应用到实际问题中，进而提升解决问题的能力和创新思维。创业实践可以让学生了解创业过程和运作机制，通过亲身经历体验到创业的艰辛和挑战，激发其创业热情。在创业过程中，学生需要学习市场调研、商业模式设计、团队管理等技能，培养组织能力、合作精神和领导才能。同时，创业实践也能培养学生的创新意识，鼓励他们思考如何利用创新的方式解决问题，推动社会进步。社会实践是另一种重要的实践形式，通过参与社区服务、志愿者活动或实习等，学生可以接触到真实的社会问题，并积极为之作出贡献。这种实践能够拓宽学生的眼界，

第五章 "植入式"法学政产学研用协同育人机制价值理念之设定

增强其社会责任感和人文关怀，培养他们的团队合作能力和问题解决能力。同时，社会实践也可以为学生提供与专业相关的实际经验，帮助其更好地理解专业知识的应用与发展。总之，鼓励学生参与创业实践和社会实践对于培养他们的实际操作能力和创新意识非常有益。通过参与创业实践和社会实践，学生可以积累实践经验，培养实际能力，并且不断扩展自己的创新思维，为将来的职业发展打下坚实基础。

最后，设立奖励机制，激励学生在创新领域取得突出成就，提高学生的积极性和创造性。设立奖励机制是激励学生创新、提高其积极性和创造性的一种有效方式。通过给予学生创新成果的认可和奖励，可以激发他们的动力，培养他们的创新意识和能力。其一，奖励机制可以激发学生的兴趣和积极性。当学生知道他们的努力和创造会得到认可和奖励时，会更加努力地投入创新活动中。这种正向激励可以激发学生的学习热情，帮助他们更好地实现自身潜力。其二，奖励机制可以鼓励学生展示和分享他们的创新成果。当学生知道自己的创新成果会被重视和广泛传播时，会更有动力去深入研究和推进创新项目。这种展示和分享也可以促进学生之间的交流和合作，激发更多的创新思维和合作机会。其三，奖励机制还可以促进学生的自我评价和成长。当学生参与创新活动并获得认可时，会对自己的能力和成长有更清晰的认识，进而激励自己不断提高，追求更高的目标。为了有效运作奖励机制，应当注意：奖励机制应该公平、透明，并与学生的努力和创新程度相匹配，避免产生不公平或任何形式的歧视。奖励机制应该多样化，不仅关注成绩优异的学生，也要重视那些有潜力但可能在一些方面有所欠缺的学生。奖励可以是实质性的，如提供经济支持、奖学金、实习机会等，也可以是非物质性的，如颁发荣誉证书、举行表彰仪式等。奖励机制应该定期评估和调整，以确保其有效性和适应性。综上所述，设立奖励机制是激励学生创新的一种重要手段。通过激发学生的兴趣、展示他们的成果和促进他们自我评价与成长，可以培养出更多具备创新精神的优秀人才。

第六章
"植入式"法学政产学研用协同育人机制之特色

针对山东省各高校法学人才培养存在的片面强调理论传授、学生实践能力不足、培养模式封闭、机制僵化单一等问题,整合高校与社会资源,建构适应时代需要的新型培育平台,培养德才兼备、具有较高综合素质的应用型、复合型、创新型法律人才,已成为法学教育不容回避的重大课题。鲁东大学盈科法学院通过课题内容融合、校内校外融合、线上线下融合,拓宽培养渠道,探索以我为主、积极利用外部优质资源,推进法学教育课程系统、教育目标、教育内容的实践转向,有效克服传统法律人才培养模式的封闭性、单一性问题,践行了"植入式"法学政产学研用协同育人模式。这一模式从法学专业具体情况和社会需求出发,设计法学人才培养目标、培养规格和课程体系,改革培养机制,提出人才培养的"植入式"模式,探索实践路径,突出实践特色。

一、产教结合

法学政产学研用协同育人机制是将政府、产业部门、高校、研究机构和用人单位多方力量结合起来的一种教育模式,旨在通过产教结合的方式培养具有实践能力和专业素养的法学人才,其突出的特点是产教结合。产教结合是指学校与企业、行业等实际工作场所合作，让学生在学习的同时能够接触到真实的法律案例和业务操作，从而更好地理解法律理论与实践之间的联系。在法学人才培养过程中，产教结合的方式可以通过参加实习、开设实践课程、分析案例、设立导师制度等途径实现。具体是：为学生提供在法律机构、律师事务所或实务部门的实习机会，让他们在实际工作中学习和应用法律知识；引入真实的法律案例，让学生进行案例分析和解决问题，培养其分析和解决实际法律问题的能力；设立导师制度，由实际从业人员担任学生的导师，指导学生进行实践操作并传授实践经验；开设实践课程，让学生参与模拟法庭、法律援助等实际操作，提升其实践能力和专业素养。通过法学协同育人机制的产教结合，可以使学生更好地理解法律理论与实践之间的联系，提升实际操作能力和解决问题的能力，为未来的法律从业者培养更加全面和实践能力强的人才。

"植入式"法学政产学研用协同育人模式下，法学院与律师事务所等司法实务部门进行深度融合，产生积极"化学反应"，对双方资源细分、重组，把法律行业发展与法学教学密切结合，相互支持，相互促进，把法学教育办成集人才培养、科学研究、地方服务为一体的运行实体，形成法学院与法律实务浑然一体的办学模式。鲁东大学合作的盈科律师事务所，是一家全球化法律服务机构，总部设在中国北京，在中国大陆拥有百余家分所，其全球网络覆盖美国、英国、意大利、德国等81个国家的140个国际城市，下设研究院、律师学院、全国专业委员会、综合性法律中心等多个部门。拥有律师万余人，其中博士200余名，硕士2000余名。业务范围涵盖贸易投资、公司、资本证券、两岸事务、私募、投融资与并购、知识产权、房地产、环

第六章 "植入式"法学政产学研用协同育人机制之特色

境保护、海商海事等专业领域，还聘请在国内外法学理论及实务领域享有盛誉的法学专家担任专家顾问，形成了由专业律师人才、专业市场人才、专业管理人才组成的人才队伍。目前，盈科律师事务所已加入了150多家行业和企业协会，为100 000多家海内外企业提供法律服务，为产教结合创造了便利的条件。

借由鲁东大学与盈科律师事务所合作办学的开阔思维，政产学研用合作进一步加强。为进一步深化检校合作、所校合作，强化彼此之间的互动交流，2022年5月，鲁东大学盈科法学院与烟台市芝罘区人民检察院、北京市盈科（淄博）律师事务所在该法学院模拟法庭共同开展了两次法律大讲堂报告活动。芝罘区人民检察院检察干警结合工作实际，将法律条文与实务案例相结合，以案释法，以法论事，用详实的检察理论、生动的实际案例，对检察机关法律监督性质、职能以及工作内容进行了细致的介绍，并对法律专业学生应有的法律思维，以及如何提高自身的法律意识、安全素质等问题进行了讲解。在互动环节中，检察干警耐心解答了学生提出的法律职业选择、检察官应具备的素质等方面的问题，为学生深入了解检察实务、培养法治思维以及职业生涯规划进行了指导。2022年8月15日，鲁东大学盈科法学院与烟台市芝罘区人民检察院举行会议，商谈全面战略合作。2023年3月17日，鲁东大学盈科法学院与烟台市芝罘区人民检察院继而召开检校合作座谈会，双方就产教融合进行了深入交流。2023年9月20日，烟台市人民检察院与鲁东大学盈科法学院召开检校合作座谈会。双方就学生实习、案例研讨、重点课题研究等工作展开了深入交流，就如何实现资源共享、建立长效合作机制、不断丰富课题研究成果进行了深度探讨，并就进一步推动检察理论与司法实践深度融合，构建检、学、研一体化理论研究与实践大格局达成共识。

二、需求导向

法学人才培养的高等教育供需关系包括两个方面：其一是高校和学生及家长之间围绕教育产品、教育机会等产生的机会供需关系，其二是高校和立法机关、司法机关等人才需求方建立的产品供需关系。[1]法学人才培养过程中存在的问题在上述机会供需关系和产品供需关系中均有体现。一方面，我国法学本科高等教育"大水漫灌"式的供给特征明显，学生个性化的教育需求难以满足，片面强调以高校为绝对主体的供给结构加剧了法学专业人才培养的机会供需结构失衡。另一方面，在国家政策的影响下，高校与司法机关等用人单位的产品供需关系沟通不畅，导致法学专业学生的就业方向和途径受到影响。法学教育的大众化使得我国法学教育大而不强，法学人才专而不精，这种粗放的发展范式，导致法律高端人才的需求强劲和法律高端人才的供给不足之间的矛盾日益突出。

基于对我国法学人才培养机会供需关系与产品供需关系的分析，化解我国法学人才培养过程中存在的主要问题，应当树立需求为导向的人才培养观念。法学教育应该调整学科专业结构，要坚持把社会需求作为学科专业设置和调整的重要因素，把落实国家标准作为学科专业建设的底线要求，建设好一批能够支撑国家急需、产业转型和区域发展的新兴交叉学科专业，形成与经济社会发展相协调的学科专业布局。这一问题的解决不仅在于人才培养技术难题的突破，更需要法学人才供需双方在专业结构、类型结构以及需求结构等方面加强匹配度，并推动社会意识和文

---

[1] 孟庆瑜、李汶卓：《地方高校涉外法治人才培养的目标定位与实现机制——基于我国自贸试验区建设的人才需求分析》，载《河北法学》2021年第8期，第78页。

第六章 "植入式"法学政产学研用协同育人机制之特色

化结构实现配套转变。[1]解决法学专业人才培养供需困境,一方面需要加强政府、高校、社会等多元主体的沟通以强化法学人才有效供给,更为重要的是,应当在法学专业人才培养供需双方间建立衔接机制,打破供需双方界限,保证人员、信息等资源的及时畅通,建立健全法学产学研通力合作、各尽其责的交流平台。[2]法学政产学研用协同育人机制应运而生。

法学政产学研用协同育人机制中的需求导向是指在法学领域中,政府、产业界、学术界和研究机构共同合作,以满足社会对法学人才的需求为导向,共同育人,培养适应社会发展需求的高素质法学人才。在这一机制中,需求导向是非常重要的,它体现了培养人才的目的性和实用性,确保培养出来的法学人才能够适应社会的发展需求和产业的发展趋势。需求导向的"植入式"法学政产学研用协同育人机制包括以下几个方面:其一,政府可以通过相关政策的引导和支持,促进法学人才培养机制与社会需求的对接,鼓励院校和研究机构开展与产业界合作的项目,推动法学人才培养的社会化和专业化。其二,鼓励院校与产业界合作。院校可以与产业界建立紧密的合作关系,开展联合培养计划、实习实训项目等,使学生在学习过程中接触实际工作,增强实践能力,更好地适应社会需求。其三,鼓励学术界与研究机构合作。学术界和研究机构可以与产业界合作开展研究项目,促进法学理论与实践的结合,培养具有创新能力和实践能力的法学人才,满足社会对高端法学人才的需求。

---

[1] 朱玉成、周海涛:《研究生教育供给侧结构性改革透视:内涵、问题与对策》,载《学位与研究生教育》2018年第3期,第55页。

[2] 孟庆瑜、李汶卓:《政产学研协同育人模式下我国立法人才培养的问题审思与机制创新》,载《河北法学》2022年第10期,第90页。

其四，注重跨学科综合能力培养。法学人才需要具备跨学科综合能力，能够在不同领域中灵活运用法学知识解决问题，以适应社会发展的多元化需求。总之，通过需求导向的法学政产学研用协同育人机制，可以更好地促进法学人才培养与社会需求的对接，提高法学人才的实用性和竞争力，为法学领域的长远发展提供有力支持。

"植入式"法学政产学研用协同育人培养模式下，借由律师的实务经验，充分了解社会需求，将重点放在如何提高学生的职业技能、工作能力，提高学生对社会需求的适应性，从而培养学生具有更强的执业本领和社会担当。同时坚持以人为本，把促进人的全面发展、适应社会需要作为衡量法学教育质量的标准。充分发挥法学教育、就业双重功能，既遵循法学教育的规律和特点，又强化素质教育，坚持社会需求导向，更好地面向社会办学，促进人的全面发展。

三、优势互补

法学人才的培养涉及高校和实务部门两个重要领域，它们之间存在着一定的优势互补关系。高校教师主要来自高等院校、科研院所的毕业生，由于受人才专业方向限制，加上教师工作还是以理论研究为主，多数缺乏司法实践工作经历和司法实践经验，在为地方政府决策和发展提供法律咨询与支持上还有明显短板；而律师事务所作为专业法律服务机构，其业务范围涵盖广，实践经验丰富，双方合作组建法律专家智库，可以有效弥补法学院的服务短板，提高服务地方质量和效益。

高校和实务部门在法学人才培养中的"优势互补"体现在以下两个方面：一方面，在高校理论教育方面，主要通过提供深厚的理论基础、综合性教育和学术研究环境等实现。高校通

第六章 "植入式"法学政产学研用协同育人机制之特色

过系统的课程设置和专业教学,为学生打下了扎实的法学理论基础,帮助他们建立严谨的思维方式和学术素养;高校教育注重学生的全面发展,培养学生的批判性思维、沟通能力和团队合作精神,使其具备较强的综合素质;高校有丰富的学术资源和研究条件,能够培养学生的科研能力和创新意识,促进法学理论的不断发展。另一方面,在实务部门的实践教育方面,主要通过培养职业技能、积累行业经验和明确职业导向等方式实现。实务部门能够提供实践性强、针对性强的培训和教育,使学生具备解决实际问题的能力和技巧;在实务部门中,学生可以接触到真实的法律案例和工作环境,积累实践经验,了解行业内部运作规律,对未来的职业发展有所了解;实务部门能够更贴近实际职业需求,帮助学生了解专业领域的最新发展动态,提升就业竞争力。总之,在法学人才培养中,高校和实务部门可以通过合作与互动,实现优势互补,共同培养出既具备扎实理论基础又具备实践能力的法学人才。高校可以为学生提供全面的学科知识和学术素养,而实务部门则可以帮助学生将理论知识转化为实际能力,使其更好地适应职业发展需求。这种合作模式有利于培养出更具竞争力和实践能力的法学人才,为社会和行业发展提供有力支持。

以鲁东大学盈科法学院为例。该法学院现有专任教师33人,其中教授5人,副教授11人,硕士研究生导师10人,具有博士学位的21人,教师队伍年富力强,学历层次和学缘结构合理。虽然教师中有22名专业教师有法律执业资格或社会工作师执业资格,但是他们的法律实务工作经验仍相对缺乏。而盈科律师事务所致力于为客户提供全球商务法律服务,在全国层面设立了45个专业委员会、21个综合性法律中心,成立二十年以来,已经为众多客户提供了高质量的专业法律服务。如盈科国际贸易救济中心主任张军律师，主要从事国际贸易法的教学和研究，在近二十年的执业经历中代理过近百起美国、欧盟、加拿大等对中国的反倾销、反补贴案件，包括美国301调查、337调查、反规避调查等不同类别的案件，还为中国企业应对美国出口管制避免制裁提供了合规服务；近五年主持参与国家级课题2项，省部级课题1项，代理中国商务部就美国关于非市场经济国家在反倾销过程中的分别税率问题向美国政府提交法律评议，代理中国商务部参与WTO（世界贸易组织）争端解决和参与中国对美纺织品谈判法律框架的起草，为中国政府就WTO多回合反倾销规则谈判提供法律咨询和建议。鲁东大学与盈科律师事务所合作共建的"盈科法学院"则力图实现优势互补，其践行的"植入式"法学政产学研用协同育人培养模式倡导理论教学和实践教学结合，优势互补，不断完善人才培养工作机制。该法学院在法院、检察院、律师事务所、仲裁委员会等实务部门设立校外实践基地，为学生校外实习搭建平台。在此基础上，更注重学校与律师事务所之间的优势互补。鲁东大学盈科法学院自2021年正式揭牌成立以来，重视培养学生理论与实践相结合的能力，与盈科律师事务所深度合作，共同举办"律所运营管理研修班"，每年盈科律师事务所有近十名律师参与指导毕业生论文答辩，盈科律师事务所高级合伙人担任模拟法庭大赛评委，盈科律师事务所烟威执行主任参加毕业生见面会，勉励毕业生要成为国家和社会的栋梁之材，多名优秀毕业生被选拔进入盈科律师事务所工作。

四、全面合作

法学人才的培养需要高校与实务部门之间的全面合作，以确保学生在理论知识和实践技能方面都得到全面发展。"植入

第六章 "植入式"法学政产学研用协同育人机制之特色

式"法学政产学研用协同育人模式下,法学院与律师事务所产学研结合举措多样,力图开展多层次、全方位的合作。合作触及深入人才培养、学历教育、非学历教育、职业培训、学术研究、法律服务、政府服务等各个方面,在制度、信息、人才、软件、硬件等各项资源方面均实现共享,较之于传统合作方式,"植入式"法学政产学研用协同育人模式无论是在合作广度、合作深度,还是合作时间、合作空间方面均取得了极大突破。具体而言:

首先,协同完善培养方案。顺应国家法治人才的培养需求,遵循教育教学运行规律和法治人才培养的基本规律,通过法学院所与律师事务所等实务部门之间的定期商讨机制,对标法学人才培养的价值定位、实践能力和创新精神,充分发挥学校与实务部门双方积极性,科学完善培养方案,为法学专门人才培养提供更加专业和可据执行的依据。

其次,协同组建师资团队。一方面,积极推动法学院所专业教师与律师事务所等实务部门积极联合,双向拓展,引进多个部门法领域、多层级的司法实务专家,实现校外实务部门指导下,法学专业人才培养的能力提升。另一方面,实施专业教师的"双师型培育计划",积极推动校内专业教师通过交流挂职、研修、承担课题等多种方式,积累司法实务经验,提升法律实操能力。[1]实务部门可以派出专业人员作为法学院师生的导师,指导学生的学习和研究工作。导师可以分享实务经验、解答学生的疑问,并引导学生进行实地考察和研究。此外,法学院可以邀请实务部门的专家来校举办讲座或研讨会,为学生提供实务案例分析和法律实践经验的分享。

---

[1] 孟庆瑜、李汶卓:《政产学研协同育人模式下我国立法人才培养的问题审思与机制创新》,载《河北法学》2022年第10期,第93页。

再次，协同打造课程体系。在开设专业基础课程和理论课程的同时，深挖民法、刑法、行政法等实务课程的专业实践资源，充分发挥高校与实务部门协同育人优势，并从课程设计、课程讲授、课程评价等全方位入手，协同育人，在保证课程体系能够吸收最新理论成果的基础上，充分反映司法实务中的实践经验。课程设置除完成必修课之外，结合盈科律师业务方向和区域地方需求开设专题特色课；学生培养以社会需求为导向，以职业胜任力培养为重点，实行"双导师制"；课程考核采取过程性评价，加大实践技能和实务操作训练比重；鼓励校外导师长期带教，引导其在带教法律实务技能、分享法律业务资源等方面投入精力。实务部门可以与法学院合作，协助课程设计和教材编写；还可以提供实际案例和材料，帮助教师将理论知识与实践相结合，使教学内容更具有实际应用性。双方也可以共同开设研讨班或实务课程，由实务部门的专业人员担任讲师，为学生提供实际案例分析和法律实践技能培训。

复次，协同建设实践基地，增加实习和项目合作。法学院可以与实务部门建立紧密的联系，提供学生实习机会。实务部门可以为学生提供实际案例和问题，让学生在实践中运用所学知识和技能，增强他们的实践经验和法律应用能力。双方还可以开展合作项目，共同研究特定领域的法律问题，解决实务中的挑战。通过建设创新硬件设施，创制实践新机制，提升实践层次等多种方式，遵循法学院与实务部门互惠互利的原则，深度合作，建设研究基地、实践场所等，为法学专业人才培养提供充分的便利条件。迄今为止，盈科律师事务所与鲁东大学共同投入1200万元，已改建法学院办公楼、法治文化广场、专用教学楼，建筑面积共约2万平方米，包括模拟法庭、法律诊所、研究生研修室等实验实训场地。此外，法学院与烟台市人民检

第六章 "植入式"法学政产学研用协同育人机制之特色

察院、烟台市中级人民法院签署协议,为学生观摩现场庭审提供优质实践平台。

又次,协同研究法学课题。法学院所面向国家及地方法治的需求,充分发挥高校院所智库功能,科学谋划法治联合研究项目,创新法治研究协作机制,并鼓励学生充分参与,为高素质法学专业人才培养提供充分的条件支撑。同时,以课题为依托,法学院所专业教师与实务部门人员共同开展理论与实践研究,形成高质量法治理论研究与实务成果。法学院可以与实务部门开展研究合作,共同探讨法律领域的前沿问题和法律制度改革;还可以提供专业的研究支持,为实务部门提供政策咨询和解决方案,这种合作可以促进学术成果的转化,推动法律实践的不断发展。

最后,协同健全法科学生学习保障及奖助学金,确立职业发展。除学校现有奖助学金之外,盈科律师事务所在法学院设立"盈科奖学金",每年提供奖学金20万元;盈科律师"教育爱心基金"计划每年为法学院提供奖学金10万元;另外,盈科(烟台)分所为家庭困难的研究生提供律师助理勤工俭学岗位,帮助学生完成学业。另外,实务部门可以与法学院合作,提供职业发展指导和支持,如举办就业招聘会、组织实践案例分享会等活动,为学生提供就业机会和行业洞察。实务部门还可以与法学院合作,举办模拟法庭、模拟谈判等实践性活动,帮助学生锻炼实际操作能力和培养职业素养。

总之,通过以上方式的全面合作,盈科法学院与实务部门可以建立紧密的合作关系,互为补充,促进知识传授和实践经验的结合,提升学生的实践能力和职业素养,也促进实务部门的专业发展和法律实践的创新。

第七章
"植入式"法学政产学研用协同育人机制运行之制度架构

"植入式"法学政产学研用协同育人模式实行学院党组织和律师事务所党组织双党委领导,具有完善的组织机构。2021年3月下旬,鲁东大学盈科法学院成立理事会,负责重大决策,同时举办专家指导委员会特聘教授聘任仪式,并成立院务委员会这一执行机构和秘书处,与学院办公室合署办公。"植入式"法学政产学研用协同育人机制运行的制度具体包括以下方面:

一、领导机制

"植入式"法学政产学研用协同育人模式实行学院党组织和律师事务所党组织双党委领导,不以营利为目的。按照党章规定,设立学院党总支或党委、党支部等基层党组织,在上级党组织的领导下,执行党的路线方针政策,做好学院党建工作。强化社会责任担当,倡导法律人的人文精神和社会关爱,致力于培养更多真正有情怀的法律人。

坚持党的领导。法学院的师生确保政治站位的正确性,始终坚持党的领导,以党的方针路线以及价值观作为思想标杆,并真正在日常的校企合作过程中落实这些理论、思想,积极成为推动党建以及我国法治进程的力量。以鲁东大学盈科法学院为

第七章 "植入式"法学政产学研用协同育人机制运行之制度架构

例,该学院设立了党支部,并在上级党组织的领导下积极地做好各项党建工作,尤其是注重在实际的工作过程中落实党的方针和路线,真正以党的思想为日常工作中的思想指引和工作指引,促进校企合作质量的提升,增强师生的思想政治素养。比如,在师风建设上,该学院落实中国特色社会主义法治理论教育,着重提升教师的综合教学能力,并让教师与学生共同参与到校企合作实践中,让教师真正身先士卒,为学生做出表率,激发学生参与实践的热情。与此同时,教师在实践的过程中追求守正、创新理念以及精益求精的工作精神,真正在企业的实习中获得综合实践能力的提升,并为学生在企业的实践做出好的示范,提升学生参与实训的积极性,从而获得良好的校企合作教学效果。

立德树人,夯实师德师风建设,主要以下三个方面着手:其一,明确师德师风建设任务。为了进一步明确师德师风建设任务,法学院应成立党委工作部门,负责师德师风建设,并由本学院的院长与副院长组成师德师风委员会,进行本校的师德师风建设。更为重要的是,法学院落实责任负责到人的机制,在委员会之下设立执行委员会,即执行委员会委员负责法学教师的师德师风建设,真正将师德师风建设工作落到实处,形成教师自我约束模式,促进师德师风建设工作的顺利开展,提升教师的思想境界和行为约束能力。其二,师德师风考核常态化、制度化。在师德师风建设过程中,法学院注重制定相应的制度,如制定《法学院师德失范行为处理办法》等,一方面约束教师的行为,另一方面对教师进行考核,包括对教师的年终考核、学术道德考核、课堂教学考核等,并根据考核的结果进行针对性的赏罚,真正将师德师风建设常态化、制度化。与此同时,法学院定期安排教师进行自我反思、纠错,促进他们职业道德素养的提升。其三，特色理论铸造师魂。法学院定期组织教师进行中国特色社会主义理论的学习，提升广大法学院教师对"两个维护""四个自信""四个意识"的认识，并将这种认识入脑、入心，塑造教师的师魂。与此同时，法学院通过各种方式表彰先进，如在学校官网设置"教师风采"专栏，通过进行榜样塑造的方式促进师德师风建设。

二、组织机构

在"植入式"法学政产学研用协同育人机制下，成立理事会这一决策机构，该机构由行政领导、学院教师、律师事务所律师、专家顾问等多元力量构成，负责对学院发展的重大事项作出决策；成立院务委员会这一执行机构，适用院长负责制，执行理事会决议，开展学院日常事务性管理工作，委员会成员由学院领导班子、律师事务所等相关方面的领导组成，院长兼任院务委员会主任，副主任由律师事务所人员担任；设立发展顾问委员会，聘请国内外知名法学专家、司法实务部门的领导担任顾问，为学院建设发展提供咨询或建议；设立秘书处，与学院办公室合署办公。秘书长负责联络协调工作，拟定提交理事会讨论的重大事项，筹备理事会会议、院务委员会会议等相关工作。在此基础上，议定理事会章程、理事会议事规则、院务委员会议事规则等，实行民主决策、共同办学。

理事会是盈科法学院的决策机构，主要由盈科律师事务所工作人员以及鲁东大学相关成员组成。理事会设有理事长和副理事长。盈科律师事务所主任为盈科法学院理事会理事长，鲁东大学副校长为副理事长。其他理事会成员由双方委派的同等数量的人员担任。鲁东大学方面的理事会成员包括法学学院院长、教务处处长，以及人事处处长。该理事会的作用是决定盈科法学院的重要事务，如资金运用、项目建设、师资构建、人才培养以及未来的发展规划等。理事会的权力运行机制如下：权力运行的形式为会议议事，具体操作为投票表决，即每一位理事均有一票表决权。在实际的表决中，在票数相等的状况下，理事长具有一票否决权。院务委员会是执行机构，即将理事会的决议落地。院务委员会的人数为8个左右。院长由盈科律师事务所主任担任；执行院长由法学院院长担任。

鲁东大学与盈科律师事务所合作共建的盈科法学院，是我国第一个依托全球知名律师事务所建设运营的新型法学院，是校企合作办学的典范，也是高阶涉外法治人才协同培养的有益尝试。学校为"植入式"法学政产学研用协同育人模式提供了组织结构方面的保障措施。已成立的理事会、专家指导委员会、院务委员会等形成了高度融合的协同育人治理共同体；盈科律师事务所创始合伙人、全球董事会主任梅向荣担任盈科法学院院长；形成多元整合的协同育人力量，不同专业、不同领域、不同机构人员协同培养实战型法治人才；建立专职督导制度，负责对外联络，突破高校有形的藩篱，负责对在国外进修学生进行有效管理。建立专家指导委员会，作用是指导学院健康、良性发展，其主要由司法实务部门领导、由国内外知名法学专家构成。

三、人才管理

在法学政产学研用协同育人机制中，人才管理至关重要。加大师资队伍建设，大力引进人才，采取专职、兼职、全职、柔性引进等各种方式，通过"双招双引"，引进国内外知名专家学者、优秀律师等加入法学院，加强双方人员交流，优化人员结构，增强办学活力。学院教师和律师事务所律师共同承担教学任务，利用律师事务所资金优势，吸引具有丰富法学教育经验、深厚学术造诣、丰富实践经验的教师和实务人员加入人才培养过程。以我国、我省当前法律实务中亟待解决的问题为研究对象，积极、充分地开展教学、科研、人才培养模式研究，做到理论与实际问题有机融合。尝试建立特聘教师制度，注重引进兼具我国与涉外法律知识、涉外法律实务工作经验或国际组织工作经历的高层次人才；加大海外名校教师和国际组织专家等的引进力度；建立科学的考评机制和师生互评制度；强化教师教学培训制度，定期选派教师出国访学和研修深造，推动教师与国际组织、涉外部门双向流动。打破体制壁垒，在政策允许的前提下，实行人员互聘、职称互认、薪资互补的灵活人事政策。建立学生权益保障机制；设立法学专业学生权益保障委员会，定期召开会议，谋求解决学生面临的困难和问题。具体而言，人才管理应当从以下方面着手：

第一，人才选拔和引进方面。为了培养高质量的人才，需要制定明确的选拔标准和程序，如设立专门的招聘渠道，吸引优秀的法学专业学生加入实务部门或研究机构，并建立有效的选拔评估机制，确保最适合的人才能够进入相应岗位。在法学政产学研用协同育人机制中，人才的选拔和引进是确保拥有高质量人才队伍的关键环节。其一，制定明确的人才选拔标准，明确对候选人的能力、学术背景、实践经验等方面的要求，包括学历、专业背景、综合素质、学术成果、实践经验等方面的考核指标。确保选拔过程公正、透明，并与岗位需求紧密匹配。其二，多渠道招聘人才。通过多种方式扩大人才招募范围，如通过与法学院校建立合作关系或与行业协会、研究机构合作，开展校园招聘、宣讲会、职业展示活动等。同时，利用线上招聘平台、专业网站、社交媒体等渠道进行广告宣传和招聘信息

第七章 "植入式"法学政产学研用协同育人机制运行之制度架构

发布,吸引更多潜在人才。其三,综合评估能力和潜力。除了学历和学术背景,综合评估候选人的能力和潜力也很重要,可以通过面试、笔试、技能测试等方式综合评估候选人的专业知识、沟通能力、团队合作能力、领导潜力等。同时,可以参考候选人的实习经历、学术成果、奖项荣誉等进行评估。其四,引进优秀人才。为了吸引优秀人才,可以提供有竞争力的薪酬待遇和福利,以及良好的职业发展机会。同时,重视个人发展需求,为人才提供个性化的职业规划和培训支持;提供具有吸引力的工作环境、有挑战性的项目和职责,激发他们的工作热情和创新潜能。其五,建立良好的合作关系和充实的人才储备。与法学院校、行业协会、研究机构等建立合作关系,共同培养和选拔人才。通过与这些机构合作举办项目实践、实习、研究合作等活动,加强双方的联系和合作,建立人才储备库。综上所述,在法学政产学研用协同育人机制中,人才选拔和引进是保证拥有高质量人才队伍的重要环节。通过明确选拔标准、多渠道招聘、综合评估能力和潜力、提供有竞争力的待遇和福利以及建立合作关系和导师制度等措施,可以吸引并培养出具有实践经验和创新能力的人才。

第二,岗位设置和职业发展方面。为人才提供清晰的岗位职责和晋升通道,帮助他们规划职业发展路径。通过建立科学的绩效考核体系和激励机制,可以激发人才的积极性和创造力,促使他们在工作中不断成长和进步。一方面,应根据法学政产学研用的需求和目标,设计适应性强、多样化的岗位。岗位可以涵盖不同层级和专业方向,包括法律研究员、实务律师、法规制定专员、政策分析师等。每个岗位都应明确工作职责、技能要求和晋升路径,确保人才能够明确自己所处的位置和发展方向。另一方面,为人才提供明确的职业发展路径,让他们在工作中有明确的发展目标和阶段性的成长机会。建立评价标准和晋升机制，使人才能够根据自身表现和能力得到相应的晋升和职业发展机会。同时，提供培训和学习机会，帮助他们不断提升自己的专业知识和技能，适应不断变化的工作需求。通过合理的岗位设置和职业发展规划，可以激发人才的工作动力和创新潜力，提高他们的工作满意度和职业发展期待，从而建立稳定的人才队伍，推动法学政产学研用协同育人机制的有效运行。

第三，培训与交流方面。在法学政产学研用协同育人机制中，人才的培训与交流是非常关键的环节。为人才提供持续的培训和学习机会，帮助他们持续更新知识和提升技能，通过组织内外部的培训活动、学术研讨会，促进人才之间的交流与合作，以及与学界的互动，保持与行业发展的同步。根据人才的需求和发展目标，制定个性化的培训和发展计划，为他们提供系统的培训和学习机会，这些计划可以包括内外部培训、交流项目、学术研讨会等，以帮助他们不断提升专业知识、技能和领导力素质。具体应当从以下方面入手增加培训与交流：其一，制定培训计划。制定一套完善的培训计划，包括不同层级的培训课程，以满足不同人才的需求。这些培训课程可以涵盖学术知识和技能培养。其二，建立交流机制。建立起多样化的交流平台，包括学术会议、论坛、研讨会等，以促进人才之间的互动和合作，也可以通过推出专家讲座、实习交流等方式，鼓励人才之间的跨领域交流。其三，鼓励国际交流与合作。鼓励人才参与国际学术交流活动，与国外高水平的学者和科研机构建立联系，拓宽视野，提升自身能力。其四，跨学科培养。培养具有跨学科背景和能力的人才，鼓励他们在不同领域之间进行学科交叉和融合，以推动创新和实践。通过以上措施，可以加

第七章 "植入式"法学政产学研用协同育人机制运行之制度架构

强人才的培训与交流,提高其学术水平和创新能力,进而推动法学政产学研用协同育人机制的有效实施。

第四,导师制度和知识传承方面。建立导师制度,为新进人才提供指导和支持。经验丰富的老师或专业人士可以担任导师,传授知识和经验,并帮助新人融入工作环境。设立知识库或档案系统,记录和传承组织内部的经验和专业知识。建立导师制度,为人才提供指导和支持。经验丰富的老师或实务专家担任导师,与人才进行定期的沟通、辅导和评估,帮助他们规划职业发展、解决问题,并分享自己的经验和见解。

第五,薪酬福利和员工关怀方面。提供具有竞争力的薪酬福利体系,激励人才留在组织内,并提供良好的工作环境和员工关怀措施,关注员工的个人发展和生活需求。在法学政产学研用协同育人机制中,为人才提供合适的薪酬福利和员工关怀非常重要,具体可以从以下方面入手:其一,建立合理、公正的薪酬体系,根据人才的职位、能力、贡献和市场价值进行评估和设定。确保薪酬水平具有竞争力,能够吸引和留住优秀的人才。同时,制定绩效奖励计划,根据个人和团队的绩效表现给予额外奖励。其二,为人才提供完善的福利待遇,包括医疗保险、养老保险、失业保险、住房补贴等福利保障,也可以提供灵活的工作时间安排、带薪年假、节假日福利等。这些福利措施可以提高人才的工作满意度和幸福感,增强他们的归属感和忠诚度。其三,提供职业发展路径规划和支持,为人才提供晋升机会和职业发展培训。在组织内部设立晋升通道,根据人才的能力和贡献进行评估和晋升,让人才感受到个人成长和职业发展的机会。其四,为人才提供持续学习和发展的机会,帮助他们提升专业知识和技能。通过组织内外部的培训课程、学术研讨会等,为他们提供学习平台和交流机会。同时,鼓励人才参与行业协会、学术组织等，拓宽视野，与同行进行交流和合作。其五，建立良好的沟通机制，定期与人才进行反馈和交流，了解他们的需求和问题，并及时给予回应。注重倾听和关心员工的意见和建议，让他们感受到组织对他们的重视和关怀。其六，关注员工的身心健康，提供健康管理和保障措施。鼓励员工参与体育运动、健身活动等，保持良好的工作生活平衡。综上，通过合理的薪酬福利和员工关怀措施，可以提高人才的工作满意度和忠诚度，促进他们的创造力和工作表现，从而构建稳定的人才队伍，推动法学政产学研用协同育人机制的有效运行。

第六，跨界合作与共享资源。鼓励不同部门、学校和研究机构跨界合作，共享资源和经验，促进人才之间的互动与合作，有助于打破学科壁垒，培养多领域复合型的人才。鼓励人才在不同领域之间进行交叉培养和学习，拓宽自己的知识面和技能。如法学院校可以与实务部门合作，提供跨学科培训和实践机会，让法学专业学生了解实务工作；实务部门也可以邀请法学院校的教师开设培训课程，为实务人员提供法律知识和法律思维的培训。

综上所述，在法学政产学研用协同育人机制中，人才管理需要关注人才选拔、职业发展、培训与交流、导师制度、薪酬福利和员工关怀以及跨界合作等方面。通过有效的人才管理，可以吸引、培养和留住高素质的人才，推动法学与实务的深度融合，为法学教育和法律实践的卓越发展作出贡献。

四、财务管理

"植入式"法学政产学研用协同育人机制实行公办民助的经费保障机制，在传统的国家投资基础上，积极吸收律师事务所资金和其他社会资金。在按照国家、省市有关规定，拨付办学

第七章 "植入式"法学政产学研用协同育人机制运行之制度架构

经费的基础上,根据事业发展需要,经理事会决定,由律师事务所提供资金保障。法学院提供教学场地,律师事务所提供实习实训场所,实现资源互补。财务使用的合理性由理事会决策,由监督机构监督,形成优于传统的财务管理体系,以及时应对法学院发展中的新情况。鲁东大学盈科法学院在财务管理方面的政策及措施具体包括三部分:

首先,经费保障方面,资金是校企合作的重要因素。在进行校企合作过程中,法学院可以通过多种途径获得资金的支持。如法学院可以利用国家的优惠政策,向国家申请低息贷款;可以发挥自身的力量,争取外部企业的赞助,获得一部分资金;还可以与合作企业协商获得相应的资金支持。总之,法学院利用多途径获得的资金来满足日常校企合作中的各种活动需要,如用于本校软硬件设施的改造、对表现优秀的教师和学生的奖励等,从而促进校企合作质量的提升。以鲁东大学盈科法学院为例,其实行公办民助的经费保障机制,一方面依法可以根据国家以及山东省的相关规定,获得相应的资金援助,另一方面可以向盈科律师事务所发出资金申请。此外,为了保证申请的资金用到"刀刃"上,该法学院设定财务管理监督体系,并由相应的监督机构监督。与此同时,在资金运用方向上,理事会负责决定资金的运用流向。2021 年 7 月 28 日,盈科律师事务所向鲁东大学盈科法学院一次性捐款 500 万元。其中,一部分资金用于硬件设施的改造,如模拟法庭、办公楼的改造等;另一部分资金用于奖励作出突出贡献的师生。并设立盈科发展基金用于聘请域内外著名法学教师和高级律师,并鼓励学生去盈科国内律师事务所实习,每年资助 10 名学生去盈科海外律师事务所实习,每年资助 10 名法学专业学生出国留学,每年资助 5 名法治急需高层次人才出国培养。

其次，场地保障方面，盈科全球法律服务网络覆盖英法德等 95 个国家的 164 座国际城市，在中国区拥有 111 家分所，法律实践培训基地遍布全球，有助于形成产学研协同育人的实践平台。

最后，设备保障方面，法学院充分运用各种技术，如"互联网+"技术、VR 技术等进行多功能智慧教室的建设，包括法律技术室、电子证据实验室、模拟法庭、法律诊所等。"数智化律所""数智化培养"不断转型与升级，大数据管控平台全面上线，"Law Wit"云端系统投入使用，打破空间限制，通过物联网+新媒体+视频+AI 的方式，高效匹配教学、实践教师，满足法治人才培养的需求，如"智慧教室+法庭"的运用过程。法学院可以运用"法官+法学教师"与"线上+线下"的"双师"同步实践教学模式。具体操作过程如下：其一，介绍教学内容，如主要介绍刑事诉讼法课程。其二，教学安排。班长带领一部分学生到法院；副班长带领另一部分学生到智慧教室。其三，开展学习。对于到法院的学生，由在法院的律师负责讲解相应的刑事案件，设置相应的习题与学生互动，让学生掌握刑事案件审判流程，即宣布开庭阶段、法庭调查阶段、法庭辩论阶段、法庭调解阶段、评议以及宣判。在此之后，律师运用网络为学生展示网上刑事案件的立案流程，示范庭审直播设备，让在法院的学生真正享受到智慧教室的便捷。对于到智慧教室的学生，他们在智慧教室同步观看整个刑事案件直播，并在现场教师的帮助下，与法院中的律师形成互动，获得律师的指导，提升整体的法学教学质量，拓展对刑事案件的理解深度，体会到刑事法律的公正性。

第八章

"植入式"法学政产学研用协同育人机制之具体举措

——以盈科法学院为例

鲁东大学盈科法学院适用的"植入式"法学政产学研用协同育人机制,力图健全法学人才培养模式的具体运行制度,如领导机制、组织机构的运行机制,加强人才管理和财务管理,在此基础上,实现政产学研用的有效结合。同时,坚持以社会需求为导向的原则,培养法科学生的开拓创新精神,培育具有法律伦理、法律思维、法律方法的卓越法治人才,是符合法学院校和律师事务所的双重考核标准的全新的人才培养模式。通过探索和研究合作办学体制架构、机制安排、制度设置以及实践运作,实现传统法学院人才培养模式的突破,进而探索形成一种法学"植入式"协同育人的新机制,以实现对传统法学院进行涅槃重生之改造,形成一种可复制、可推广的法治人才培养的新模式。

一、培养法治人才

加强学历教育,提高人才培养质量。适应社会需求,大力发展非学历教育,开展法律培训。适应全球化、国际化需要,突出涉外法律学科建设，着力培养涉外法治人才。建立老师与律师共同参与制定开放式的培养方案，开展本科、双学位、研究生等学历和学位教育，开展长期、中期、短期等教育项目，为学生提供前往国内外著名高校和律师事务所交换学习的机会。构筑新型法治人才培养机制的同时，共同进行律师继续教育培训，开展律师方向学历教育，设立律师学二级学科，构建法律职业继续教育共同体等方式，积极助推律师继续教育发展和高端律师人才培养。

"植入式"法学政产学研用协同育人模式拟以国家战略为背景，以社会需求为导向，以明晰的毕业要求，修订"新法学"的培养目标与定位，提出法学专业学生毕业要求的复合性、涉外性、创新性的要求，辅之以优秀的师资队伍和先进的教学体制与机制安排，从而构建"新文科"建设背景下的法学专业新课程体系，对传统专业进行转型与升级（如下图所示）。

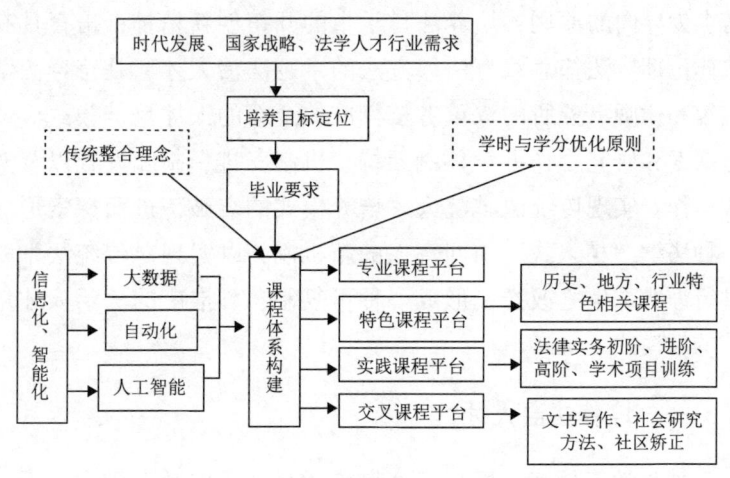

法学人才培养课程体系构建总体思路图

第八章 "植入式"法学政产学研用协同育人机制之具体举措

(一) 明确定位人才培养目标

首先,人才培养目标注重思想引领和价值观塑造。法学专业人才培养,要坚持知识传授、思想引领和价值观塑造同步进行。每门课程教学都要融入思想道德素养成分,结合当前党史学习教育,特别是利用好红色教育资源,加强对学生的思想引领,在知识传授、探讨的同时充分发挥育人功能,注重知识、价值观与能力教育的结合。实行校内校外"双导师制",对学生开展全程跟踪培养指导。注重社会主义核心价值观的引领,帮助学生树立正确的"三观"。2018年教育部、中共中央政法委员会联合发布的《关于坚持德法兼修实施卓越法治人才教育培养计划2.0的意见》强调"坚持以马克思主义法学思想和中国特色社会主义法治理论为指导,围绕建设社会主义法治国家需要,坚持立德树人、德法兼修,践行明法笃行、知行合一"。要培养学生高尚的职业情操,自觉维护法律,做到公平公正,自愿开展法律援助,用所学的专业知识服务于全面依法治国的实践,将法学专业人才真正培养成社会主义法治国家的建设者和接班人。

其次,人才培养目标注重应用型、实践性。在这一目标下,培养出的学生接轨实务部门需求,适应法律行业的变革,提高就业竞争力。法律行业在不断变革和发展,对法学人才的需求也在不断演变。传统的纯理论知识已经不能满足现代法律行业对专业人才的要求,注重应用型、实践性的培养可以使法学毕业生更好地适应法律行业的变化,并具备解决问题和应对挑战的能力;法学人才主要服务于司法实务部门、律师事务所等法律从业机构,这些机构对法学人才的需求更加注重实践能力和实际操作经验。注重应用型、实践性的培养能使法学毕业生更快地融入实务部门,为其提供有效的法律服务;随着法学院校毕业生数量的增加,法学人才市场竞争也日益激烈。注重应用型、实践性的培养可以提高法学毕业生的就业竞争力，使其更具备实际工作所需的能力和经验，增加他们在就业市场上的吸引力。另外，培养目标注重应用型、实践性才能使培养出的学生具有实践技能和经验，有助于提高其综合素质和能力。纯理论知识的学习难以使学生真正掌握与法律实务相关的技能。注重应用型、实践性的培养可以让学生通过实际操作和参与案例解决等活动，获得更多实践经验，提高其实践技能和专业素养。应用型、实践性的教育可以促进学生的综合素质和能力的全面发展，包括沟通交流技巧、团队协作能力、自主学习和自我管理能力等，对于法学人才的发展和职业成功至关重要。综上所述，注重应用型、实践性的培养可以使法学毕业生适应法律行业的变革需求，满足实务部门对法学人才的需求，提高法学毕业生的就业竞争力，培养其实践技能和丰富经验，并促进其综合素质和能力的全面发展。

再次，人才培养目标注重复合型和交叉型。法学专业跨界人才的培养，要立足现实。根据教育部的要求，要加强法学专业跨界人才培养的顶层设计。为此，高校要遵循教育教学规律，适应数字浪潮和全面依法治国的需求，在充分调研和广泛论证的基础上，制定跨越学科专业界限的跨界人才培养目标方案。加强专业建设，深化课程设置体系和标准体系、课程考核改革方案、教学方式方法、师资队伍建设、实施环境等改革创新，寻求符合服务经济发展和依法治国及人工智能需要的跨越学科专业界限的创新复合型人才培养的路径。加强思想道德教育，突出职业创新能力培养，强化实践教学环节，推行任务驱动、项目导向等教学模式，共同助力法学专业跨界人才培养模式的实施。

最后，人才培养目标要回应中国特色社会主义新时代和

第八章 "植入式"法学政产学研用协同育人机制之具体举措

"新文科"与数字时代的挑战。通过互联网、物联网以及云计算等技术，个性化、多元化教育逐渐成为可能。果壳网创始人兼CEO姬十三曾言：MOOC的到来重新定义了学校、老师和学生。[1]教师的工作重点已不仅是教好一门课，而应是关注如何引导学生自主学习和创新思维方式，[2]这一要求在关注提高、保障个体发展的法学中尤为明显。在大数据时代，"教"与"学"两方教学主体的理念转变影响着教学的发展和成效，在法学教学的变革中至关重要。一方面，就"教"的主体而言，应当加强师资队伍建设，在大数据的背景下培养"双师型"教师。在大数据时代下，欲实现法学的个性化、多元化教育，教师自身观念的转变以及自身能力的提高举足轻重。面对瞬息万变的现实生活以及纷繁复杂而庞大的实时、实地产生的数据，教师应积极跟进发展自我，转变教学观念，并外化为"双师型"的发展目标。通过进修、挂职锻炼、校企合作交流等方式，增强自己对实践问题的处理能力，抓住大数据这一机遇，锤炼成为专业化极强的教师。[3]总之，在个性化、多元化的教学理念的导引下，通过专业和实践的两方面锻炼教师成为教育教学能力和工作经验兼备的复合型人才，并通过这一"双师型"教师的积极作为，使得教学理念进一步与时俱进。另一方面，就"学"的主体而言，在认真认识自己的前提下，理性选择自己的学习内容和途径。在大数据时代，知识和信息量都极大丰富，学生要认真明确自己的发展规划，针对自己对知识的需求，进行个性化的学

---

[1] 闻静：《姬十三：MOOC将重新定义老师、学生和学校》，载http://special.cai-xin.com/2013-11-28/100610743.html，2024年3月6日访问。

[2] 程桂龙：《大数据时代高等教育信息化的困境与选择》，载《湖北成人教育学院学报》2015年第4期，第5~6页。

[3] 刘晓霞：《法学专业"双师型"教学队伍建设的现状分析与路径探索》，载《湖北函授大学学报》2014年第21期，第36页。

习。学生如何从海量数据中甄别出自己需要的知识，选择适合自己的学习方式，需要自己的理性判断和教师的指导。教师要根据社会需求导向优化学生的培养方向，引导学生在法学的教学中学会正确的信息识别方法，用正确的思维去认知自我、继而认识世界；在学好法学专业知识的同时，树立高尚的职业情操，[1]最终实现个体的全面健康发展。

（二）革新法学课程体系

推进法学"政产学研用协同育人机制"，必然要落实到课程上；课程体系是构建这一机制的落脚点，应当从指导思想、实践性、复合性和创新性等方面入手，重构法学课程体系：

首先，重构法学课程体系应该以习近平法治思想为指引。法治人才是依法治国的重要组成部分，法学教育要坚持立德树人、德法兼修。法治人才培养模式关系到法治领域人才的数量和质量。法治人才培养的主阵地是高校，法学院承担重要使命。法学教育应该系统培养学生的法学素养、道德素养和政治素养。育人是法治人才培养的前提。《法学类教学质量国家标准（2021年版）》已经将《习近平法治思想概论》作为专业核心课程予以明确，形成了"1+10+X"的核心课程体系，"1"即是《习近平法治思想概论》课程。"习近平法治思想"不仅在作为"1"的概论课程中要讲授，其精神还要贯彻于核心课程的"10"，并且应该考虑在选修课程中所占的份额和比重。

盈科法学院坚持以习近平法治思想为指导，全面落实党的教育方针，积极创新人才培养模式。鲁东大学开设法学专业以来，始终坚持"德法并重、内外兼修"，以《习近平法治思想概

---

[1] 闻静：《姬十三：MOOC将重新定义老师、学生和学校》，载http://special.cai-xin.com/2013-11-28/100610743.html，2024年3月6日访问。

第八章 "植入式"法学政产学研用协同育人机制之具体举措

论》课程思政为指引重构法学课程体系,这与习近平总书记对法学教育的要求高度契合。课程思政是指将思想政治工作融入课程教学中,通过课程内容和教学方法引导学生树立正确的世界观、人生观和价值观,以培养德智体美劳全面发展的社会主义建设者和接班人。在法学领域,课程思政可以帮助学生深入理解法律的社会功能和价值,提高法律素养,增强法治意识。重构法学课程体系以课程思政为指引,强调法学与社会实践的结合,有助于培养法学人才的综合素质,进而推动法学研究的发展。课程思政可以引导法学教育与实际问题相结合,通过案例分析、实践教学等方式,培养学生解决实际问题和服务社会的能力;通过课程思政,法学课程可以更加注重学生的思想道德和法治素养的培养,使其在学习法律知识的同时,能够独立思考、辩证分析和增强社会责任感;重构法学课程体系以课程思政为指引,可以促进法学理论与实践的结合,鼓励学生积极参与法学研究,推动法学领域的科研创新。需要注意的是,在重构法学课程体系时,要充分保障学术自由和坚持客观性原则,避免对思想的唯一化和僵化处理,还需要根据现实需求和时代特点,不断优化和更新课程内容,以适应社会发展的需求和变化。

其次,重构课程体系应突出实践性,以提高学生的实践能力。具体而言,应当从科学设置实践课程、改革现行的实习方式等方面着手:

一方面,科学设置法学实践教学。在我国现行法学教育体系中,从教育部的学科规范到各法学院校的教学计划都强调法学教学中实践环节的重要性。但是,在具体运行中,各高校对法学实践教学的重要性认识还不够,科学设置法学实践教学任务重大。对此应当注意以下问题:一方面,实践课程设置要体现年级差异。大一学生由于不具备一定的法律基础，对法律学科的认识还处于感性阶段，对其实践课程设置应当以审判观摩、公检法机关观摩以及法律讲座等方式进行。对于大二学生而言，对其实践课程的设置，可以结合理论课程的设计，采用案例分析、模拟法庭等方式进行。对大三学生的实践课程可以采用法律诊所等一些可以接触具体、真实案例的方式进行设置，注重培养其用所掌握的知识解决具体问题的能力。对于大四学生，因其已具备一定的专业知识基础以及一定的分析问题、解决问题的能力，应注重对其沟通、协调能力的培养，在实践课程设置上，要针对其兴趣点，指导他们到相关的部门，如法院、检察院、律师事务所等地实习，为成为一个法律职业人做准备。

另一方面，实践课程设置要与理论课程相结合，突出职业教育。传统的法学实践课程的设置，多与理论课程相分离，独立进行。实践课程和理论课程的设置缺乏相互协调和沟通，未能发挥二者的合力作用。在坚持开设教育部确定的法学专业核心课程的同时，重构课程体系，应突出学生实践应用能力的培养，强化与法律职业深度衔接的专门化教育，在课程建设上实施改革与创新。法律实践能力的培养主要涉及法学实务课程、法学实践课程。法学院应该逐步增加两类课程的比重，如培养法律方法与思维目标的《法律方法与法律思维》《法律逻辑》等课程；培养法学基础实践能力目标的《法律文书写作》《专业文献检索》《证据调查》《法律语言》《法学研究与论文写作》等课程；培养法学综合实践能力目标的《模拟法庭》《民法案例研习》《刑法案例研习》《行政法案例研习》《知识产权法案例研习》《劳动法案例研习》《民法实务》《行政法实务》《民事诉讼实务》《刑法实务》等课程，盈科法学院正在逐渐摸索。

另一方面，改革现行的实习方式，重塑法科学生的实习制

第八章 "植入式"法学政产学研用协同育人机制之具体举措

度。法学具有极强烈的应用性，到司法机关实习成为学生的最佳选择，但现行实习制度存在弊端。本科学生的实习一般都是安排在最后一学年的第一或者第二学期，这种安排使实习流于形式。因为，在仅仅三四个月的实习期间里，大多数学生都要考研、找工作、准备各种各样的考试，真正用到实习上的时间少之又少。改革实习制度提上日程。其一，在时间上，增加实习时间，改变实习安排。从目前来看，实习时间的安排需要和课程设置相协调，即在对课程设置进行调整的基础上安排实习时间。实习工作十分重要，但如果学生不具备任何法律知识而盲目地走进实习基地，难以取得良好的实习效果，因此，实习工作开始的时间应该为学生已经对法律专业基础知识有过系统学习之后。其二，在内容上，主要是让学生熟悉司法运作的程序和实际的法律运作情况，让学生熟悉相关的运作套路，能够独立撰写法律文书。其三，在考核上，要量化实习的时间、内容、工作成效等各项指标并予以具体评价打分，作出客观公正的评判。

再次，重构课程体系应当强调创新、交叉、复合课程设置体系。在法学"政产学研用协同育人机制"背景下，重构课程体系强调复合、创新课程设置体系，以适应时代的发展和需求。创新交叉、复合课程是将不同学科领域的知识和理念相互融合，在跨学科的基础上开设新的课程，以促进对学生的跨学科思维和创新能力的培养，使其具备解决复杂问题和应对未来挑战的能力。在重构课程体系时，以下几个因素应当着重考虑：其一，交叉学科的结合。通过将不同学科领域的知识和理念相互交叉融合，开设具有创新性和前瞻性的跨学科课程，如将法学与科技、经济、环境等学科进行交叉，开设相关的法律科技、法律经济学、环境法律等课程，培养学生的跨学科综合素养。计算法学即法学与计算科学交叉融合的最好例证，实现了教育内容变革创新的同时，提升了专业资源的利用效率，形成了专业师资间的交叉融合，缓解了师资不足的困境，改善了法学对社会需求的适应度。其二，理论与实践的结合。注重将理论知识与实践操作相结合，通过案例分析、模拟演练、实地调研等方式，培养学生实际操作能力和解决问题的能力，如开设案例分析课程，引导学生分析真实案例并提出解决方案。其三，创新教学方法的运用。采用多元化、灵活性的教学方法，激发学生的兴趣和创造力，如引入项目式学习、团队合作等方式，培养学生的创新思维和团队合作能力。其四，关注社会需求与行业发展。根据社会和行业的需求，调整和更新课程设置，保持与时俱进，如关注人工智能、大数据、区块链等新兴领域的发展，开设相关的法律课程，培养与时代发展相适应的法律人才。综上所述，重构课程体系应当倡导开放、包容和创新的精神，注重培养学生的综合素质和实践能力，以适应社会的变革和发展需求。同时，需要与相关部门、企业和学术界合作，建立长期稳定的合作关系，为学生提供更多实践机会和资源支持。

最后，重构课程体系应加大法学课程体系创新，以应对数字时代的挑战。法学作为一门实践学科，需要与社会发展保持紧密联系，反映法律领域的最新动态和挑战。在法学"政产学研用协同育人机制"背景下，重构法学课程体系应考虑以下几个方面：其一，强化实践教学。将真实案例、模拟法庭、法律实务等形式纳入课程设置，使学生能够在实践中学习法律知识并锻炼解决问题的能力，以及更好地了解法律的具体应用和实践操作。其二，更新课程内容。随着社会的发展和变化，法律领域也在不断演变。重构课程体系时，应及时更新课程内容，引入新兴领域的法律知识，如数字化时代的法律问题、网络安全法等。同时，也需要关注国际法和比较法的发展，提供全球

第八章 "植入式"法学政产学研用协同育人机制之具体举措

化视野的法律教育。其三,强调创新思维和技能培养。鼓励学生培养创新思维和敏捷应变能力,以应对法律领域的复杂性和多样性,可通过引入创新案例分析、调研报告、团队合作等方式来实现。其四,加强跨学科交叉融合。法学与其他学科的交叉融合有助于提升法学教育的综合性和实用性。可以将法学与科技、经济、环境等学科相结合,开设相关的法律科技、法律经济学、环境法律等课程,培养学生的综合素养和跨学科能力。其五,注重社会责任和伦理教育。通过法学课程,培养学生的社会责任感和伦理意识,引导学生了解法律对社会和个人的影响,促使其成为具有社会良知和道德观的法律从业者。综上所述,重构法学课程体系的关键在于确保课程内容与时俱进,紧密追随法律实践的发展,并注重培养学生的实践能力和创新精神。同时,还应与政府、企业、学术界和研究机构等各方加强合作,共同推动法学课程体系的更新和创新。

为了应对数字时代的挑战,重构课程体系,加大法学课程体系创新,可以从法学中的卫生法学方向的人才培养中予以借鉴。在大数据时代,信息技术的应用使得技术性、实践性很强的卫生法学教学内容的同步更新成为可能。在大数据时代,卫生法学教学内容的同步更新应该明确以下两个方面:一方面,卫生法学教学内容的扩展需要以牢固的专业知识为基础。卫生法学专业基础知识应是学生新知识融入的前提和今后参与工作的起点,故卫生法学教师应在打好学生专业基础的同时,以国际视野传授引领学生领略专业前沿,开阔学生眼界,培养学生学习卫生法学的兴趣。在打牢学生专业基础的前提下,鉴于卫生法学与社会发展、技术进步的密切联系,考虑到医学的发展与进步会不断促使卫生法学的修改和完善,应注重培养学生的实践能力,利用各种资源为学生实习、实训创造条件。另一方面，卫生法学教学内容的同步更新需注重把握深度，加大对卫生法学教学数据的挖掘力度，提升其数据的实用价值。在卫生法学教学过程中产生了形形色色的数据，通过鼠标点击时间的起点与终点以及时间长短记录和各类网页的浏览记录，可以获知学生的学习和活动轨迹，进而发现不同学生对不同知识点的不同反应与看法，经过分析，教师能够发现哪些知识点需要进一步重复或强调，学生对哪一部分的知识点更感兴趣，从而进一步反省卫生法学的课程体系和师资力量，力图达到最优配置，进一步提高教学质量，并预测卫生法学专业定位和人才培养的成效。因此，改变以往被动式的搜集专业数据的习惯，深入挖掘专业建设带来的各种数据，可以有效提升专业建设数据的实际效用。[1]

（三）改进传统实践教学环节——以案例教学法为例

为了增强讨论的针对性，本部分以法学中的卫生法学方向的人才培养为例进行阐释。卫生法学是一门实践性很强的学科，是传统法学中的一个方向，其人才培养要求学生除了必须具备扎实的理论基础，还应具备较强的逻辑思维能力、综合归纳能力和运用所学知识解决实际问题的能力。卫生法学案例教学法是把案例教学运用到卫生法学教学中的一种教学模式，是教师以卫生法学领域的典型案例为基础，通过案例教学的一系列活动，激励学生主动参与课堂教学，帮助学生达到特定学习目的的教学方法。[2]在当今教育模式和体制下，它已被广泛地运用到教学实践中，并得到广大师生的高度认可。案例教学改变了

---

[1] 周杰：《大数据时代思维方式对高校专业建设的冲击及启示》，载《人才资源管理》2015年第8期，第212页。

[2] 吕秋香：《互动式案例教学在卫生法学课中的应用》，载《新乡医学院学报》2007年第3期，第321页。

第八章 "植入式"法学政产学研用协同育人机制之具体举措

传统教学中沉闷的教学气氛,加强了老师和学生之间的互动关系,激发了学生的学习热情,增强了学生的法律观念,培养了学生的法律思维能力。如何让如此行之有效的教学方法更好地服务于教学实践是教学研究者必须面对的问题。笔者通过自己的教学实践和长期思考,发现案例教学法在卫生法学教学实践中存在诸多问题,并试图寻求解决对策抛砖引玉。

1. 案例教学法在卫生法学教学实践中存在的误区

案例教学法在部分院校的卫生法学教学实践中取得了良好的效果,但其教学设计环节、教学实施环节以及教学反思环节仍存在一些问题。

(1) 教学设计环节欠缺。

教学设计环节方面欠缺主要包括案例选择不当、课堂组织不规范和教学步骤设计不妥。

首先,案例选择不当。卫生法学教学的重要目标之一,是培养学生运用卫生法学知识解释卫生法律现象并解决问题的能力,案例教学法的正确适当运用正可以满足这一目标。实践表明,案例教学法在许多院校的卫生法学教学中已经得到很大程度的应用,但效果并不理想,其中一个重要原因即为案例选择不当。[1]案例选择偏医偏法,难以实现两方面的结合;为说明某一问题,教师主观臆测,虚构案例,使得学生难以分析各种数据和错综复杂的案情;教师采用教科书的编写方式,罗列一堆事例、数据,使得学生感觉枯燥而乏味;案例本身没有冲突点,结果单一,难以引发学生产生争论。种种这些案例选择的不当致使案例教学法没有得到有效的适用,也使得学生失去了学习兴趣。

---

〔1〕 赵永、周成双、张维帅:《案例教学法在卫生法学专业法医学教学中的应用》,载《黑龙江教育学院学报》2011年第3期,第51页。

其次,课堂组织不规范。案例教学法侧重学习的过程,再加上案例的复杂性和模糊性,使得学生的讨论过程充满了不确定性,容易引发两种不同的错误倾向:其一,在讨论中,教师由于不允许有分歧而给出"标准答案",没有对学生的讨论予以鼓励,致使学生讨论的兴趣大大降低,抑制了学生分析问题、解决问题能力的提高。其二,教师鼓励学生各抒己见,但又不能正确予以引导,造成课堂失控,严重影响了正常教学。

最后,教学步骤设计不妥。在卫生法学案例教学中总体存在两种错误的倾向,这两种倾向又使得教学步骤设计方面出现误区。其一,轻视案例教学法,认为案例是理论教学的陪衬。当今的卫生法学案例教学大多仍然停留在"事例"或"举例"的层面,或者简单依照"案件—答案"的思路授课,实际效果不容乐观。[1]案例由任课教师选择、讲述,甚至案例分析和总结也由其一手包办,在案例教学中学生变成了听者和单纯的接受者,学生参与的主动性和积极性不高。其二,过分倚重案例教学法。在卫生法学教学实践中过分依赖案例教学法,花费大量时间讲授案例,忽视法学理论教育,使学生难以从整体上把握成文法的立法理念、原理、规则,掌握的知识缺乏系统性和完整性。[2]

(2) 教学实施环节不足。

教学实施环节是案例教学法在卫生法学教学中实施的第二个环节,也是很重要的一环,当前在组织教学实施进行案例讨论时存在以下两个误区:

---

[1] 刘亮:《卫生法学专业教学亟需实现五个蜕变》,载《西北医学教育》2011年第5期,第1031页。

[2] 霍增辉、胡超宏:《论卫生法教学中的案例教学法》,载《中国医疗前沿》2011年第13期,第84页。

第八章 "植入式"法学政产学研用协同育人机制之具体举措

第一,注重案例本身而忽视对学生案例分析思维的引导与讲解。在卫生法学案例教学实施过程中,教师通常注重案例结果的解答、理由的正误,却忽视了对学生运用已掌握的理论知识对案例所涉的各个法律事实按照法律的一般原理去分析、判断能力的锻炼,尤其忽略了法律事实的辨认、法律推理、探索法律规则运用的过程。[1]教师在教学实践过程中忽视了引导技巧的采用,在讲述案例时提供倾向性或引导性的提示或结论,对学生的思维产生了"误导",不利于学生思维的发散和创新,这与真正案例教学的实质大相径庭,难以达到案例教学的预期目标。

第二,注重课堂相关知识点的考查而忽视案例涉及的相关学科知识面的扩展。在授课实践过程中,教师通常为了讲授某个原则而运用案例。在分析某一个案例时,我们会发现其常常涉及其他多个知识点甚至某一系列的知识面,这在处于法学和医学交叉而产生的卫生法学的案例教学实践中尤为突出。若卫生法学教师只是简单地分析个案中所涉及的课堂具体的某些知识点,案例教学的实践效果就会大大降低。卫生法学的培养目标是复合型法律人才,故而要注重相关学科知识面的扩展,尤其是医学知识的扩展。再加上,当前,我国卫生法学专业多设置于医药院校,学生的就业领域也多为医药卫生领域,这一点更显重要。[2]

(3)教学反思环节缺失。

案例教学要想取得良好的教学效果,需要在调查、了解学生情况和教学情况后进行教学反思,从而发现问题并改进。但

---

〔1〕 霍增辉、胡超宏:《论卫生法教学中的案例教学法》,载《中国医疗前沿》2011年第13期,第84页。

〔2〕 霍增辉、胡超宏:《论卫生法教学中的案例教学法》,载《中国医疗前沿》2011年第13期,第84页。

当前在卫生法学教学实践中，使用案例教学法的教学反思环节往往被忽视。

第一，忽视对本次使用案例教学法的反思。在小组和全班集中讨论完成之后，教师应留出一定时间先让学生自己思考和总结，在此基础上，教师进行总结，这种总结应包括知识和行为表现两个方面。但实践中，许多教师往往是对全班的观点予以简单概括后就把案例答案直接告知学生，这一做法难以取得良好的教学效果，更易使学生形成惯性思维，即老师是权威、书本是权威，不利于学生创新能力的提高。另外，教师没有对学生在前几个阶段中的行为表现进行评价。这不利于引导学生树立对某一问题或现象的正确态度，更难以提高学生再次遇到类似问题或现象时的分析能力，违背了案例教学的宗旨。

第二，忽视对卫生法学整门学科使用案例教学法质量的评价。案例教学法是从国外法律教育史中学习借鉴过来的重要教学方法，先进性和有效性当前已为法学教育界所认可。众多学校和法学教育机构不断探索与应用案例教学法，逐步推进和实现法学教育方法的变革。在此实践过程中，许多院校的法律课程俨然把使用案例教学法宣传成了彰显改革成效的凭证。我国每个法学院校都在强调使用案例教学法，但却很少对案例教学法的内涵与使用目标给予足够认识，[1]也鲜有学校对卫生法学整门学科使用案例教学法的整体教学效果进行质量评价，这使得案例教学法的实践使用处于盲目状态，不利于案例教学法在卫生法学教学中的长期有效开展。

---

〔1〕 杨军：《法学教育中实施案例教学法的误区及完善》，载《黑龙江省政法管理干部学院学报》2007年第1期，第132页。

第八章 "植入式"法学政产学研用协同育人机制之具体举措

2. 误区解决的一般原则

(1) 树立"以学生为主体"的教学理念。

案例教学是一种参与式教学,以学生为中心是案例教学的基本出发点,是一个根本的指导思想。"授人以鱼不如授人以渔",要运用好案例教学提高学生的实践能力,首先必须转变教学理念,在案例教学的整个过程和各个环节都充分体现学生的主体地位,做到以学生为中心。

首先,强调学生学习的自主性。传统讲授式的教学方法主要以教师教授为主,能提高课堂教学的效率,教师在教学中"举例说明"只是为了让学生感知知识、接受知识,容易使学生产生依赖和期待心理,从而从根本上抑制了学生学习的独立性、主动性和创造性。而案例教学强调的正是让学生通过自己独立的分析和与他人的讨论,主动自觉地从案例中探究出"自己"的知识、观点或解决问题的方法。其中,案例的选择非常重要,一个典型案例,能使学生在教师的指导下,深入案情,充分体验角色,从而自主地积极分析问题、探究问题,最终寻求解决问题的最佳方案。

其次,重视学生创造性的培养。案例答案本身的多元化及案例教学特殊的教学方式,如采用学生自主分析、小组讨论、交流和全班讨论、总结等方式,为学生提供了培养创新能力的宽松的学习环境,使学生有较大的自由度,能较多地展现自己思考问题的脉络。同时,案例教学法鼓励每位学生都要对自己和他人的方案发表见解。通过这种经验的交流,学生可以取长补短、促进人际交流能力的提高,亦可以起到一种激励的效果,形成超越他人的内动力,培养创造力和创造性精神。

最后,注重挖掘学生群体的合作力。案例教学法要求学生通过自主学习、小组讨论、全班讨论,进行合作性学习,这不仅有利于对每个学生潜在的创造力和智慧的发掘,而且使得学生个体尽快、主动地适应群体生活,融入群体之中,互相学习、取长补短;互相尊重,通过协作增强团体的凝聚力,发挥出群体的"合作力"。

(2) 重视"师生双向交流"。

以讲授为主的传统教学方法和模式要到最后测试时才知道教学效果,而且学生学到的都是死知识;案例教学法却是一种双向交流的教学形式,它强调教师与学生之间的双向互动与协作。教师的任务是精心准备案例预习,对现成案例进行检查,以肯定其对受教育者的意义及其与教育目的的相关性到底有多大;留意学习环境与氛围的营造,促进案例准备、沟通与案例讨论分析的参与程度和有效性;尽量让学生陈述其意见,正视不同观点并作出决策,通过插入简短的讲解、正式的讲课,布置学生阅读参考文献等方式,深化案例分析,丰富或廓清学生的认识,提出讨论性的问题以引发学生争辩,引导学生独立思考,降低对教师的依赖程度。所以,案例教学法是教师用思想逻辑把学生思绪引向深处,最终辅佐学生自己发现恰当的解决问题方案。就学生而言,在案例教学中,其拿到案例后,先根据脑中现存的知识予以理解,然后查阅大量的相关案例资料和解决问题所必要的理论知识,这一过程加深了学生对知识的主动理解和获取,进而促使学生通过缜密的思考,提出解决方案,最终提高自身综合分析和解决问题的实践能力。同时学生的答案随时由教师给予引导,这也促使教师加深思考,根据不同学生的不同理解补充新的教学内容。

3. 误区解决的具体策略

(1) 完善教学设计环节。

首先,精选教学案例。在明确教学目标的基础上,要选择适度、适用的教学案例。所选的案例要与教学目标相吻合,使

第八章 "植入式"法学政产学研用协同育人机制之具体举措

学生易于接受和认同,强调"医与法""理论与实践""科学性与实用性"三方面相结合。以近年来的中外典型医事案例作为研究对象展开对于卫生法学基本原理和知识的学习讨论,实现师生互动等来提高卫生法学的教学效果。案例选择要做到以下三方面:其一,真实可信。教师一定是经过深入调查研究,所选案例来源于实践,注重真实的细节,让学生确有身临其境之感,这样学生才有可能搜寻知识、启迪智慧、训练能力。其二,客观生动。教师要摆脱乏味的教科书的编写方式,尽其所能运用文学手法,提示细节,所选案例可随带附件,如辩护词、判决书等。其三,多样化。案例应该只有情况没有结果,有激烈的矛盾冲突。问题应该由学生来处理,且不同办法会产生不同的结果。

其次,营造良好的课堂教学氛围。主要是处理好鼓励学生讨论与保持良好课堂纪律的冲突关系。教师作为教学的组织者,在案例教学中的作用同其在讲授教学中的作用一样重要。讨论是案例教学得以取得实效的重要一环,教师要创造一个有利于学生相互学习和研讨的氛围,保持良好的教学秩序,适时引导和鼓励学生大胆发言。针对案例的讨论没有所谓的"标准答案",关键看解决问题的思路是否合理。在讨论环节中,教师要对学生的分析予以充分尊重,即使分析问题和解决问题的过程或结果出现错误。在案例分析讨论过程中,教师对同一问题鼓励争论,允许分歧存在,但同时亦应注意纷争的焦点在于问题,不允许对任何同学的人格和尊严有丝毫的不尊重或侮辱。

最后,规范教学步骤。呈现案例时,要课堂呈现与事先发放相结合。在课堂上,教师运用影像资料、视频、PPT等多种形式尽可能生动形象地呈现案例。一般在正式开始集中讨论前一到两周,教师把案例材料发给学生,并通过列出思考题的形式让学生积极思考,有针对性地开展准备工作。讨论环节关系到整个案例教学的成败。一是精心组织小组讨论。教师可根据学生的性别、兴趣、经历等将其划分为由3人至6人组成的多个小组。小组应以有效的方式组织活动,教师不应过多干涉。在小组讨论时,教师可以讲课、讲义、电化教学等形式,向学生提供并描述与案例有关的理论和各种解决问题的模式。二是组织全班交流。讨论告一段落后,各个小组派出代表,发表本小组对于案例分析意见以及解决问题的对策,发言人要接受其他小组成员的质询并予以解释,本小组的其他成员可以补充或代替发言人回答问题。小组集中讨论的这一过程是学生发挥的过程,在这个过程中,教师应当充当主持人的角色,可以提出焦点问题的处理方式,进一步组织学生对其进行重点讨论,从而将学生的注意力引导到方案的合理解决上来。

(2)重构教学实施环节。

第一,突出学生学习的实践性。案例教学不仅关注对案例本身的分析,更关注学生创造能力及解决问题能力的提高。案例教学正是将典型的案例展现在学生面前,使学生身临其境,设身处地地像案例中的人物那样作出反应,学生在案例教学中获得的是内化了的知识,而不是被动获得的抽象、空洞的知识,做到了理论与实践相结合。所以,在案例教学中,教师作为主导者,须重视学生的"参与"性,即学生参与案例资料搜集,参与案例重现,参与分析探讨。在这一过程中,教师要明晰自己的地位和作用,只做引导者,不做组织者,让学生充分思考,展现自己。在总结学生的案例讨论时,教师要充分鼓励和肯定学生的能力,对于存有争论的内容不将自己的观点强加给学生。

第二,关注案例涉及的相关学科知识面的扩展。一个典型

第八章 "植入式"法学政产学研用协同育人机制之具体举措

的案例能反映众多问题，教师在讲授知识点的同时，一定要关注对案例所涉多个知识点甚至某一系列知识面的扩展，还要重视提升自身的水平，综合运用医学、法学的复合专业知识以保证案例教学的良好效果。在讲解过程中，教师要重视一个核心关系，即运用案例教学法首先要解决的权利与义务、责任的逻辑联系。教师挑选案例、导入案例、解析案例，目的在于培养医学生权利意识。2010年江苏省法院受理的医疗损害赔偿案件与2006年相比翻了近一番。[1]医患纠纷很大程度上是由于医患关系中双方权利义务标准不明确，患者的权利未能得到尊重而引发的。要根本解决医患矛盾，需要建立一个合理的医患权利义务关系。权利和义务是法律的核心内容和法学的基石范畴，全部法律现象都可以归结为权利和义务问题。运用案例来明晰对权利义务的认定、法律责任的归责与承担，加强医学生对权利与义务、责任逻辑关系的理解，有助于培养医学生的权利意识。

（3）重视教学反思环节。

在调查、了解学生情况和教学情况后予以教学反思以发现问题并改进，是一个总结归纳、深化提高的过程，非常关键。

第一，重视对本次使用案例教学法的反思。教师要及时收集学生对教学的评价和反馈，以巩固或调整教学的内容和方式，并在此基础上，进行总结和深化。在这个过程中教师的角色扮演非常重要，教师要把握好总结的分寸。教师的总结应是着重讲清理由，关键是看讨论的思路是否正确、分析的方法是否恰当、解决问题的途径是否合理，评析学生讨论提出的每一种观

---

[1]《江苏高院发布民事审判工作蓝皮书关注民生》，载《法制日报》2011年3月10日。

点或解决方案的独到之处和存在的缺陷，鼓励学生提出独到见解，尊重和引导学生对现存观点或解决方案的缺陷加以思考。这个阶段的总结归纳，不是教师简单地作出评判，应是师生的共同集体评议，故而，教师的反思总结还应该留给学生进一步思考的余地，引导学生从案例教学的内容和过程中予以反思和感悟，如是否通过案例教学掌握了处理问题的新思路、新方法，是否获得了新的价值启发，以及如何在今后的生活和工作中加以应用等。

第二，重视对卫生法学整门学科使用案例教学法质量的评价。评价是对教学效果进行评估的重要方式，切实、有效的评价机制可以激励学生增强学习能力，鼓励教师提高教学能力。评价时应着重考查学生是否抓住了案例的关键点、是否找准了关键问题、能否区分事实问题与法律问题、运用了哪些法律规则以及运用法律规则分析问题的逻辑思维过程是否合理、清晰，以全面考核学生，保证案例教学效果。[1]

（四）翻新政产学研用协同育人形式

法学是一门实践性、应用性、综合性很强的学科，法学教育具有二重性：学术研究性和职业培训性。法学教育应当以能力、素质，特别是法律思维的培养为宗旨。在对法学教育应属职业教育定位的基础上，对我国现有的法学教育人才培养模式应该予以改革。在大数据时代，面对冲击和挑战，法学专业"政产学研用协同育人机制"应当基于调整后的人才培养目标和培养方案，突破现有局限。当前我国法学教育应该走精英化、职业化教育的道路，在重构法学实践教学路径过程中，应大胆

---

[1] 霍增辉、胡超宏：《论卫生法教学中的案例教学法》，载《中国医疗前沿》2011年第13期，第84页。

第八章 "植入式"法学政产学研用协同育人机制之具体举措

改革、创新,遵循如下原则:其一,有利于培养法律实践能力的原则,这是构建法学实践教学路径的核心原则,应贯穿于整个人才培养过程中,最终实现法学理论和实践互交后在功能上彼此刺激、互补或制约。其二,有利于法律职业化素质形成的原则,这是构建法学实践教学路径应遵循的重要和最终原则,我国法学教育应顺应世界扩大职业教育的潮流,走职业教育之路。通过运用课堂、实践、网络等立体化教学模式和多样化的教学方法,创新政产学研用协同育人形式,培养专业根基深厚、综合素养高、视野宽阔的创新人才。

1. 构建高校与实务部门联合培养机制

探索"学校—实务部门联合培养"机制,加强高等学校与实务部门的合作,找准人才培养和行业需求的结合点,由高校与实务部门作为法律人才培养的共同主体,一起承担法律人才培养的职责,是 2011 年 12 月由教育部和中共中央政法委员会共同启动的"卓越法律人才教育培养计划"能够顺利推进的关键,是构建卓越法律人才实践平台的着力点和突破口。《关于实施卓越法律人才教育培养计划的若干意见》指出"高校—实务部门联合培养"机制将以常态化、规范化的体制、机制建设为基础,加强高等学校与实务部门的合作,由高校与实务部门作为法律人才培养的共同主体,一起承担法律人才培养的职责。这一任务在 2018 年的"卓越法治人才教育培养计划 2.0"中得到进一步明确。

加强与实践部门的密切联系,是构建法学职业教育实践平台的着力点和突破口。将法学教育定位为职业教育,将应用型、复合型卓越法律职业人才培养模式作为法学教育基础模式,要与有关部委行业加强沟通,理清思路,找准人才培养和行业需求的结合点,明确专业教育和职业资格的关联性,改革法律人才培养模式，提高学生的实践能力，实现培养与使用的结合，教育与实务部门的双赢。探索"学校—实务部门联合培养"机制，实际用人部门的参与是非常重要的，是"卓越法律人才教育培养计划"能够顺利推进的关键。高校与实务部门可以通过"共同制定培养目标""共同设计课程体系""共同开发优质教材""共同组织教学团队""共同建设实践基地"等具体措施，实现联合培养卓越法律人才的合作目标。

构建高校与实务部门的联合培养制度，是为了提高法学人才的实践应用能力和适应性。在制度建设过程中，需要注意以下事项：其一，遵循法律法规，建立合作机制。高校与实务部门需要建立长期稳定的合作机制，明确各自的责任和义务，可以通过签订合作协议或框架协议来确保双方的合作关系。联合培养制度建设必须符合相关法律法规的规定，包括但不限于教育法、劳动法、隐私保护法等，双方应当遵守相关规定，妥善处理法律责任和义务。其二，设定培养目标和任务，确定实践环节和岗位，定期评估和改进。合作双方需要明确培养目标和任务，确保学生在联合培养过程中能够获得实践经验和专业能力的提升；双方应共同制定学生的培养计划，并明确各自的培养任务；合作双方需要明确学生在实务部门的实践环节和具体岗位安排，确保学生在实践过程中能够真正参与到实际工作中，并体验到真实的法律实务；合作双方应定期进行评估，对联合培养学生的效果进行评价，及时发现问题并加以改进，评估结果可用于优化和完善联合培养制度。其三，建立师生互动机制，同时注意保护学生的权益和隐私。高校和实务部门应建立师生互动机制，包括指导教师、实习导师和学生之间的沟通渠道和反馈机制，以保证学生在实践中遇到问题时，可以及时得到指导和帮助。高校和实务部门需要共同保护学生的权益和隐私。

第八章 "植入式"法学政产学研用协同育人机制之具体举措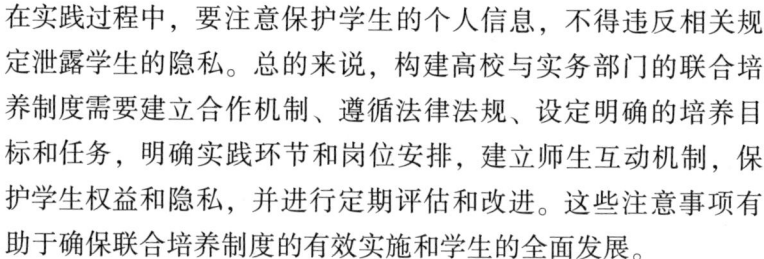

在实践过程中，要注意保护学生的个人信息，不得违反相关规定泄露学生的隐私。总的来说，构建高校与实务部门的联合培养制度需要建立合作机制、遵循法律法规、设定明确的培养目标和任务，明确实践环节和岗位安排，建立师生互动机制，保护学生权益和隐私，并进行定期评估和改进。这些注意事项有助于确保联合培养制度的有效实施和学生的全面发展。

2. 探索"练学交替"的教学模式

法学实践教学探索"练学交替"的教学模式是将理论学习与实践操作有机结合，通过不断的练习和交替进行，学生能够在实践中学习、在学习中实践，从而更好地理解法律知识、培养法律实践能力和解决问题的能力。在"练学交替"的教学模式下，可以采取以下措施：其一，理论课程与案例分析交替。通过进行理论课程和案例分析课程的交替安排，学生能够在理论学习的基础上，进行案例研究和分析，将理论知识应用到实际案例中。其二，模拟法庭与实地调研交替。通过组织模拟法庭活动和实地调研，学生可以在模拟法庭中扮演角色，提升其辩论和实践能力，同时通过实地调研了解实际案件和法律实践。其三，实习与反思交替。学生参与实习期间，定期进行反思和总结，总结实习经验，反思自身的不足之处，并将反思结果应用于实践中，以不断提高实践能力。其四，研究性学习与指导教师交替。通过开展研究性学习项目，学生可以进行独立的调研和论文写作，并定期与指导教师进行交流和指导，从而提高自主学习和研究能力。

采用实习基地实习与实务课程讲授交替进行的教学模式，加强对专业实习的过程控制。西南政法大学的"实务人才实验班""学术人才实验班"对此做了有益的尝试。其分别制定人才培养方案独立培养，配置高水准的师资团队，项目人才统一实

— 177 —

行择优培养、末位淘汰和选拔递补机制，并力求在学制上有所突破。推广小班教学和启发式、思辨式、案例式等教学模式。其中，"实务人才实验班"特别突出社会实践环节，"学术人才实验班"则侧重科研创新能力的培养。

在完成校内正常教学任务的前提下，安排学生边学习边实习，是一种全新的尝试。在校学习期间，让学生亲身感受我国司法机关处理纠纷的过程，接触真实案例，把学习的理论知识应用于实践，把实践中遇到的问题带回课堂，是文科专业"产学"结合、"练学交替"的应用型人才培养机制的一种新探索。另外，在实习过程中，邀请一些实践经验丰富且理论水平较高的司法实务人员讲授或参与实践中典型案件的讨论，能够帮助学生内化学校中传授的法学专业知识。法学专业实习作为独立于课堂教学的一个重要环节，着眼于学生综合能力的提高，是反思和创新的结果。综合能力的提高表现为从法学理论出发去审视现实，能够对诸多法学理论和认识进行比较、鉴别和整合，提出自己对现实的见解，并且能从现实出发去分析和评价已有的法学理论，提出新的认识。在实施这种教学模式时，需要注意以下几点：其一，教师的角色转变。教师需要从传统的知识传授者转变为引导者和指导者，鼓励学生主动参与实践和学习，促进他们的自主思考和创新能力。其二，合理安排实践环节和时间。在"练学交替"的教学模式中，需要合理安排实践环节和时间，确保学生有足够的时间进行实践和练习，同时兼顾理论学习的需要。其三，建立有效的评估与反馈机制，及时了解学生的学习情况和实践表现，给予针对性的指导和反馈，帮助他们不断改进和提高。通过"练学交替"的教学模式，可以促使学生在不断的实践中提升实践应用能力和综合素质，更好地适应法律行业的需求，从而为培养优秀的法学人才奠定基础。

第八章 "植入式"法学政产学研用协同育人机制之具体举措

3. 完善实习基地的建设

目前法学专业学生的毕业实习多是分散进行,不利于学校管理,且缺少行之有效的监督和管理实习的措施,难以保证实习质量,因此建设综合性人才教育培养基地成为时代需求。当前,国家、各省市都启动了"卓越法治人才教育培养基地"建设项目,主要面向应用型、复合型法律职业人才和西部基层法律人才的教育培养。西南政法大学对此做了有益的尝试。从2011级开始,学校鼓励学院重新建立法学专业学生集中实习的制度。以2011级法学实验班为例,法学实验班全体学生不仅都被安排在西南政法大学国家级教学实践基地(重庆市人民检察院第一分院、重庆中豪律师事务所,以及重庆市渝北区人民法院、重庆市渝北区人民检察院)进行了三个月的专业实习,而且还被集中在广西百色进行了为期一周的社会法治调研与教育活动。经过实习和社会法治调研,法学实验班学生对实务部门的工作以及当事人心理、当前司法现状有了更为深刻的认识与理解,并运用所学的专业知识,以真实案件为蓝本小试了法律文书写作、法治宣传、当事人心理安慰等工作。这些都是应用型、复合型法律人才培养方案中所希望学生具有的核心职业能力。

地方法学院校在条件允许的范围内可以尝试探索建立合适的实习基地,实行集中实习。如此,教师和实务工作人员可以对学生加以方向性的引导,避免走一些弯路,为学生提供一个能够相对独立思考、完成工作的机会。学生对每一项具体工作的完成,都包含着其个人的认识与态度,其从复杂的现实出发,围绕卫生法律公正的实现,一方面积极进行理论认识上的思考,另一方面又进行方法上的探索,以求达到法律所追求的最佳效果。这种思考和探索,在解决具体问题,审视一个具体案件时就要求他们从多层次、多角度寻求解决方案,并进行理论上的论证、比较，提出解决问题的思路和方法，学生的创新精神由此孕育并得到强化，综合能力得到提升。

在建立实习基地过程中，应当注意：其一，确定合作机构，提供多样化的实习岗位。寻找合适的合作机构，如律师事务所、法院、企业等，与其建立长期稳定的合作关系。这些机构应具备良好的声誉和专业素质，能够为学生提供实际的法律实习环境和指导。为学生提供多样化的实习岗位选择，涵盖不同的法律领域和职能，以满足学生的个别兴趣和需求。合作机构应与高校共同制定实习岗位的培养目标和内容。其二，设立实习导师，制定实习计划。每个实习岗位都应有专门的实习导师负责指导学生的实习活动。实习导师应具备丰富的实践经验和辅导能力，能够为学生提供专业的指导和反馈。在实习开始前，制定详细的实习计划，明确学生在实习期间需要完成的任务和目标，实习计划应具体、可操作，有助于学生了解实习期望和提前做好准备。其三，确保学生安全和权益。实习基地需要确保学生的安全和权益，提供良好的工作环境和条件。遵守劳动法规，保障学生的合法权益，合理安排工作时间和工作强度。其四，定期跟进和评估，持续改进。建立与实习基地的定期沟通机制，及时了解学生的实习状态和表现，解决实习过程中的问题和困难，并定期进行实习成果的评估和总结。根据学生的反馈和实践经验，对实习基地的建设进行持续改进；与合作机构加强沟通，不断优化实习计划和指导方式，提升学生的实习质量和收益。通过以上措施，能够建设出适合法学实践教学的实习基地，为学生提供良好的实践环境和机会，帮助他们培养实践应用能力和职业素养，更好地适应法律行业的要求。

4. 尝试"师徒制"法律人才实践能力培养模式

"师徒制"法律人才实践能力培养模式是一种注重传统的师

第八章 "植入式"法学政产学研用协同育人机制之具体举措

徒关系,通过资深法律专业人士(师傅)与法学专业学生(徒弟)之间的互动和指导来培养学生的实践能力的培养模式。这种模式可以有效地促进实践知识和经验的传承,提高学生的实践应用能力。社会法学家霍姆斯曾说:"法律的生命从来不是逻辑,而是经验。可感知的时代必要性、盛行的道德理论和政治理论、公共政策的直觉知识(无论是公开宣称的还是无意识的),甚至法官及其同胞所共有的偏见等等,所有这一切在确定支配人们所应依据的规则时,比演绎推理具有更大的作用。"在法律人才培养的过程中,以课堂为知识传授场所的传统教育方式有其天然的局限性,即学生们所分析的案例的情节都是由教师介绍的,这使得学生所进行的所有分析具有一定的局限性,受制于教师对案件情节的认识和判断。"师徒制"的培养模式正是为了力图突破这种"天然的局限性",使学生掌握第一手、全面的法律实践技能。

尝试"师徒制"法律人才实践能力培养模式时,应当注意以下几个方面:其一,构建师徒关系。确保有合适且具备丰富实践经验的法律专业人士作为师傅,与法学专业学生建立良好的师徒关系。师傅应具备教学和指导能力,能够引导学生进行实践活动并提供及时的反馈和指导,如资深律师作为师傅,指导新人律师在案件处理、法律文书撰写、法庭辩护等实践环节中的具体操作。师傅通过亲自示范、讲解和点评,帮助学生掌握实际操作技能。其二,明确目标和任务,定期反馈和评估。确定学生在"师徒制"法律人才实践能力培养模式下需要完成的目标和任务。这些目标和任务应明确、具体,并与学生的学习阶段相适应,既能够挑战学生又能够促使其逐步提高实践能力。师傅在学生实践过程中进行跟踪评估,定期反馈,对学生的实践表现进行评价,并提供专业指导和建议,有助于学生及时了解自己的不足之处,有针对性地改进和提升。其三,创造实践机会,共同参与实务工作。师傅可以创造各种实践机会,如参与真实案件、模拟法庭活动、法律论坛等,使学生能够在真实环境中应用所学知识、锻炼实践技能。师傅可以与学生一起分析真实案例,讨论案情、法律适用和解决方案,通过对实际案例的讨论,学生可以从师傅的经验中得到启发,并培养独立分析问题和解决问题的能力。学生在实践中学习,通过亲身经历掌握法律实践技能,有利于提高实践能力。其四,提供支持和鼓励,注重培养学生的综合素质。除了传授实践知识和技能,师傅还应注重培养学生的综合素质,包括职业道德、沟通能力、团队合作精神等,这些素质对于法律人才的发展和成功至关重要。另外,师傅还应给予学生支持和鼓励,激发他们的学习热情和积极性,帮助学生克服困难,发展自信心,并引导其探索学习和实践的更多可能性。

总之,尝试"师徒制"法律人才实践能力培养模式需要注意学生和师傅之间的互动和指导,明确目标和任务,定期反馈和评估学生的实践表现,创造实践机会,培养综合素质,并提供支持和鼓励。这种模式旨在通过师傅与学徒之间的互动和协作,有效地促进法学专业学生的实践能力发展,增强他们的实践应用能力,为其未来职业发展奠定良好基础。

5. 探索同步实践教学模式

传统的实践教学定位过窄,只是学习完理论知识后验证、检验这一知识的环节或者手段,是法学人才培养中的形式性环节。实践教学长期以来一直和课堂教学对立,甚至很大程度上被错误地等同于专业实习。在法律人才培养过程中,没有真正和法律实务界形成互动;优质的法学教育资源无法共享,实务部门的优质司法资源(海量的司法卷宗、动态的庭审过程等)

第八章 "植入式"法学政产学研用协同育人机制之具体举措

长期闲置,无法汇集,转化为优质的教育资源并进入高校、课堂;法律实务界不能充分进入、参与到法律人才培养中,而高校的法学人才培养跟不上司法实践发展,无法满足实务部门的真实需求。探索同步实践教学模式成为时代所需。

同步实践教学模式改变了理论学习和实践教学的关系。以高校、实务部门等的深度协同融合为基础,以司法实践前沿的动态即时同步为平台,实现法学人才培养中优质教育资源的即时共享、法学人才培养职责的共同承担,实现法学人才培养过程中的全程学训一体,落实培养卓越法治人才的基本目标。探索同步实践教学模式为法学教育注入了更多实践元素,有助于提高学生的综合素质和实际操作能力,使学生能够更好地应对未来的法律实践工作,为其职业发展奠定良好基础。2005年,中国政法大学在法学人才培养中引入"同步实践教学"模式并使之成为法学人才培养的主要抓手。改变学生"走出去"实习的传统实践教学的单一模式,将实务部门拥有的优质司法资源大规模地反向"请进来"引入高校,让原始案例卷宗、同步直播的庭审实况和庭审实况录像等优质司法资源进入高校、进入课堂,融实践教学和理论教学为一体,将实践教学贯穿于整个法学人才培养全过程,同步完成知识学习和职业技能的培养、同步完成法律职业意识和职业素养的培养、同步完成国际视野和国情意识的培养。

较之于高校,司法实务部门顾虑更多,政治影响、社会稳定、群众舆论等无不是其要考虑的因素,因此,部分司法实务部门对于开展同步实践教学模式持保留意见。但可以探索通过智慧司法的方式实现"准"同步实践教学。智慧司法是利用信息技术和大数据分析等新兴技术手段,提高司法工作效率和服务质量的改革探索。随着人工智能的应用和智慧法治资源的利用，法学教育教学亦应不断调整。教育部于 2018 年 4 月印发的《高等学校人工智能创新行动计划》进一步强调推进智能教育发展，提出要探索基于人工智能的新教学模式，鼓励发展以学习者为中心的智能化学习平台，提供丰富的个性化学习资源，这一行动计划为法学院校推动实践教学改革提供了指引。未来的法学实践教学将呈现出更加多元的样态，人机协作、师生交互会成为常态，在新文科建设和发展的大背景下，法学实践教学依然处于动态调整阶段。但应当明确，智慧司法可以为法学实践教学提供多种资源和支持，包括：其一，智慧司法通过数字化和电子化手段记录和存储了大量法律案例和相关数据，这些资源可以为学生提供丰富的案例和实践素材，并帮助他们更好地理解和应用法律知识。其二，智慧司法可以利用虚拟现实或增强现实技术，搭建模拟法庭、模拟调解等虚拟实践环境，让学生在虚拟场景中进行案件处理和辩论演练，提升实践操作能力。其三，智慧司法还可以提供智能学习工具，如自动化评阅系统、自适应学习平台等，帮助教师对学生的学习情况进行实时监测和个性化指导，提高学生的学习效果和实践能力。其四，智慧司法可以提供学生与司法实务部门合作的机会，让学生在实际案件中参与调查、起草法律文件等实践活动，培养他们的实践能力和职业素养。综上所述，智慧司法能为同步实践教学提供丰富的资源和支持，帮助学生更好地理论联系实际，提高实践能力。

（五）改革数字时代教学评价体系

"大数据"对于《卫生法学》课程教学评价改革具有破冰意义。近几年来，大数据这个词频现于诸媒体，成为一个正在迅速升温的热门话题。最早提出大数据时代到来的是全球知名咨询公司麦肯锡公司，其称，数据已经渗透到当今每一个行业

第八章 "植入式"法学政产学研用协同育人机制之具体举措

和业务职能领域,成为重要的生产因素。正如大数据时代的代表性著作——《大数据时代:生活、工作与思维的大变革》的副标题所宣称的,大数据是一场大变革,从生活到工作,乃至思维方式,影响可谓既广又深。大数据每年以60%的速度增长,谁掌握了如此巨量的数据,谁就掌握了未来。未来世界的竞争核心是大数据的竞争。大数据浪潮,汹涌来袭,其与互联网的发明相同,绝不仅是信息技术领域的革命,更是在全球范围启动透明政府、加速企业创新、引领社会变革的利器。大数据除了影响经济方面,亦在政治、文化等方面产生了深远的影响,大数据帮助人们开启循"数"管理的模式,即是我们当下"大社会"的集中体现,三分技术,七分数据,得数据者得天下。通过公共财政透明的设计和《美国数据质量法》的颁布,美国奥巴马政府力图实现"前所未有的开放政府",推动政府信息公开、透明和社会公正。现代管理学之父彼德·德鲁克有言,预测未来最好的方法,就是去创造未来。而"大数据战略",则是当下领航全球的先机。《纽约时报》2012年初的一篇专栏言,大数据时代已经降临,在商业、经济及其他领域中,决策将日益基于数据和分析而作出,而并非基于经验和直觉。大数据时代是建立在掌握所有数据,或言至少是尽可能多的数据基础上的,大数据所要研究的不是随机样本,而是全部或几乎全部的数据,这些数据至少是与我们所研究的现象相关的所有可获得的数据。[1] 为了更加科学地对《卫生法学》课程教学评价进行研究,我们应以大数据时代所特有的思维方式,对《卫生法学》课程教学评价的所有数据进行量化收集,对教师与学生长期教

---

[1] 张杰、王慧、吴成良:《大数据:价值何在》,载《人民日报》2013年6月18日。

与学的行为进行分析，对数据进行反思，正如许多教师所言，"不得不承认，对于学生，我们知道的太少"。同样，学生也对教师知道的太少。通过量化数据的分析，从一系列数据中寻找潜在规律，从而进一步挖掘教与学以及师生之间、社会与学校之间的内在关系，从而在根本上为《卫生法学》课程教学评价改革提供有意义的参考，以期最终提升教学活动。大数据时代下，《卫生法学》课程教学评价的改革进路具体可从以下方面着手：

1. 量化教学评价标准

量化《卫生法学》课程教学评价标准有利于评价结果的客观化。大数据时代的到来使得量化、直观化教学质量评价成为可能，更加快了量化研究进程，《卫生法学》课程教学评价标准借助大数据技术的发展从宏观群体走向微观个体、从质化走向量化。《卫生法学》课程教学中汇聚着大量的信息，其中主要是两个方面：其一，从学生角度来看，包括性别、专业等基本信息、选课情况、出勤情况、课堂答疑时间、课堂就座位置情况、答疑正确率、课后作业完成情况、借阅图书情况、成绩等学习信息，实践教学、竞赛、讲座等第二课堂信息；其二，从教师角度观之，包含教学任务、课件、课堂言行、答疑反馈情况等信息。除此以外，随着移动互联网、物联网等新技术的兴起以及在线学习平台的完善，师生互动产生和由设备自动收集的信息越来越多，如各类搜索浏览记录、点击记录、在线学习时间、在线学习信息等，这些信息产生频率快、数据量大、结构较为复杂。

正是由于数据信息量的增加和信息网络建设的日趋完善，在大数据时代，人们对于数据的监测和分析能力得以不断增强，许多难以衡量的因素实现了量化。《卫生法学》课程教学评价标

第八章 "植入式"法学政产学研用协同育人机制之具体举措

准亦可通过对上述海量数据的"归纳",找出教学活动的规律,实现从质化到量化的转变。如通过对学生出勤情况、课堂答疑时间、课堂就座位置情况等的数据分析,寻求其与学生学习效果之间的关系;通过对学生借阅图书情况的数据分析,获得其与学生学习成绩和今后就业情况之间的关系;通过对学生参与实践教学、竞赛、讲座等数据信息的分析,寻找其与学生整体素质和就业方向之间的关系等。而且,在大数据时代下,这些通过海量数据分析计算而获得的各种有效分析结果都是通过另外的各种形式的数据予以证明,并非毫无根据。大数据时代倡导智慧,并拥有云资源。在云计算和大数据背景下,数据信息资源以海量形式存储于"云"上。文本、视频、音频、动画,只要输入关键词,皆能十分方便地找到,这些以"云"存储的各种数据形式使得通过数据分析获得《卫生法学》课程的教学效果更具有说服力。另外,许多高校使用的新一代的《卫生法学》课程的在线学习平台,开发出行为和学习指导的部分,通过记录学习者鼠标的点击,可以了解学习者的活动轨迹,研究不同的人对不同知识点有何不同反应,用了多长时间,以及哪些知识点需要重复或强调。[1]总之,对于学习活动而言,教学效果体现在学生和教师的日常行为中,通过对海量数据的分析,卫生法学教师掌握了学生最易记混的知识点、最易犯错的问题以及最难掌握的重点和难点,以此为基础,完善教学过程。

2. 完善过程性教学评价形式

大数据时代的到来,以及"大数据"技术的使用使得单独进行过程性评价的测量和评估成为可能。正如上文所言,传统教学评价多注重结果。而大数据可以通过技术手段,记录整个

---

[1] 《大数据正对教育行业带来革新》,载《南方都市报》2013年4月26日。

教学过程,记录学生更多的过程性学习信息,记录教师更多的教学信息。进而言之,在《卫生法学》课程课堂教学中,学生的出勤率、作业的正确率、师生互动的频率与时长等多方面的数据均可通过收集、整理、分类、统计等,形成新的过程性教学质量评价方式。2013年经济合作与发展组织在《为促进更好学习:评价与评估的国际视角》的报告中提出了"增强评估以促进学生学习"的新思想,即教学评估中使评价与教育目标保持一致、将学生置于核心、评价的重点应放在改进课堂实践的过程性评价设想,这一设想在大数据技术的推动下具有更强的可行性。如目前一些高校针对一些课程实行电子课本,记录作业情况、课堂言行、师生互动、同学交往等数据,并将这些数据汇集起来,如此不仅能发现学生的特点,更自动形成了对学生的期末评价。另外,卫生法学是一门以研究与卫生法律相关的社会现象及其发展规律为对象的实践性很强的交叉学科,其实践教学至关重要。在卫生法学实践教学中,学生通过实习、见习等多种形式,对我国医药卫生领域出现的新事物、法律制度的执行状况及医务工作者在医药卫生工作中享有的权利和义务等形成了解,对此可以通过问卷调查、书写研究报告、座谈会等多种方式,记录过程性的实践教学过程。

有关理论学习和实践学习的过程性的数据信息使得《卫生法学》课程的教学过程因人而异、因事而异,过程性的数据信息收集、数据信息分析必然会撼动考试的统一标准,对过程性的数据信息进行分析使得教师有机会把这些数据信息应用于具体施教过程中,如此老师更加了解每一个学生,亦使得学生更了解自己,教学评价更加全面,教学过程更加完善。

3. 健全教学评价体系

如前所述,传统的教学评价体系中学生参与度低、教学评

第八章 "植入式"法学政产学研用协同育人机制之具体举措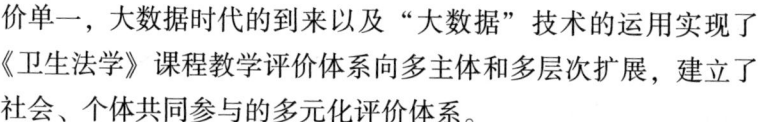

价单一,大数据时代的到来以及"大数据"技术的运用实现了《卫生法学》课程教学评价体系向多主体和多层次扩展,建立了社会、个体共同参与的多元化评价体系。

第一,学生对学习的自我评价和教师对学生学业的质量评价是《卫生法学》课程教学评价的核心环节。一方面,在大数据时代,学生可以通过对各类浏览记录、在线学习信息等进行反思,正确理解《卫生法学》课程的重要理论知识点;通过对问卷调查、研究报告等的思考,了解自己掌握的《卫生法学》课程的过程性的实践教学过程,从而对自己有一个正确的认识。另一方面,在大数据技术的引导下,教师对学生关于卫生法学基础知识的考核可以以试题库的形式由学生随机抽取,而卫生法学的实践性特征要求教师应更加重视考核学生的实践运用能力和实际操作能力。对于这些能力可以从学生日常的上课发言、平时作业和学习态度等方面来进行综合考核与判定。而大数据技术为这一方面的考核提供了便利。

第二,学校对《卫生法学》课程的教学评价和教育主管部门对高等学校《卫生法学》课程的教学评价对教学活动起着宏观的指导作用。高等学校教育改革的目的是提高学校的人才培养质量,大数据时代下《卫生法学》课程教学评价改革亦不例外。"大数据"技术平台的构建、一系列数据信息的累积都使得以督导教师为主体的学校评价主体的督导更加便利、客观、全面,而教育主管部门对高等学校《卫生法学》课程的教学评价亦可以通过"大数据"技术的应用实现远程监控和实时指导。

第三,社会对《卫生法学》课程的教学评价是对高等学校《卫生法学》课程教学质量的终极评价。大数据时代的数据化和信息化克服了由于用人单位广泛性和分散性带来的对学生掌握卫生法学知识和能力的评价困难，使得高校对毕业生入职后的跟踪评价途径更为广泛，反馈的信息更加真实、全面，并可指导高校及时调整人才培养方案来更好地适应国家、社会、市场的需求。

总之，大数据变革信息化教学表明，一个数据信息化教学创新的时代已经到来，《卫生法学》课程教学评价改革应该顺应大数据时代的这一趋势，量化教学评价标准，完善从结果到过程的教学评价形式，健全社会、个体共同参与的多元化评价体系，以图实现培养卫生法学新型创新人才的教学目的。

（六）探索涉外法治人才培养

应对全球化时代的国际交往和法律需求，涉外法治人才的需求剧增。具体包括以下方面：其一，全球化背景下的法律需求不断增强，国际法的重要性愈加凸显。随着全球化进程的加速，国际交往和合作日益频繁，各国之间的法律规范和制度差异也带来一些涉外法律纠纷。涉外法治人才具备跨国视野和全球法律意识，能够更好地应对和解决涉外法律问题。国际法是各国之间相互行为的法律规范，涉及国家主权、领土争端、经贸关系、人权保护等方面，涉外法治人才需要了解和应用国际法，能够有效参与国际事务和处理国际法律纠纷。其二，地区合作与"一带一路"倡议对涉外法治人才提出强烈需求。地区合作和"一带一路"倡议等国际合作倡议促进了各国之间的经济、政治、文化交流，涉外法治人才能够在这些倡议中发挥积极的作用，推动法律合作与交流，并促进地区的和谐发展。其三，保护国家利益和维护法治秩序的需要。涉外法治人才在国际交往中可以代表国家利益并更好地维护法治秩序，能够参与国际谈判、制定国际条约和法律，处理涉外纠纷，以维护国家的正当权益。其四，增强国际影响力的需要。涉外法治人才的

第八章 "植入式"法学政产学研用协同育人机制之具体举措

培养有助于提升我国的国际影响力,在国际组织、国际合作平台等展示我国的法治成果和智慧,推动中国法治建设走向世界。可见,涉外法治人才的培养对于适应全球化时代的国际交往和法律需求至关重要。他们不仅具备良好的法学素养和专业知识,还具备跨文化交流与合作的能力,能够为国家和社会提供专业的法律支持和服务,促进国际合作与发展。

基于以上需求,涉外法治人才培养提上日程。涉外法治人才培养应当注重以下方面:其一,强化法学基础。涉外法治人才需要建立在学生具备扎实的法学基础上,学生应该掌握我国法律体系和法律原理的基础知识,包括民法、刑法、行政法等,以为其理解和运用国际法提供必要的基础。其二,国际法教育。涉外法治人才培养需要注重国际法教育的培养,包括国际公法、国际私法、国际经济法等相关领域。通过学习国际法,学生可以了解国际法规则、国际法律机构以及国际法与国内法的关系,为处理涉外法律事务提供必要的法律依据。其三,外语能力培养。涉外法治人才需要掌握一门或多门外语,在与外国人交流和翻译涉外法律文件时能够流利沟通,特别是英语的掌握对于参与国际法律事务至关重要。其四,跨学科教育。涉外法治人才培养需要注重跨学科的教育,包括经济、国际关系、政治学等领域的知识,以培养学生处理国际法律问题的综合素养。其五,实践能力培养。为了提高实践能力,学校可以组织学生参加模拟法庭、国际法研究、辩论竞赛等活动,使学生将所学的理论知识应用到实际,并培养他们解决问题的能力、沟通能力和团队合作精神。其六,国际交流与合作。学校可以积极开展国际交流与合作,与国外的法学院校建立合作关系,组织学生进行交流访问,开设双学位或联合培养项目等,以拓宽学生的国际视野和培养学生的国际化素养。通过上述培养,涉外法治人才可以具备深厚的法学基础、优秀的外语能力、广泛的国际法知识和实践能力，为我国在全球化背景下积极参与国际事务和处理涉外法律问题提供强大的支持。可见，培养涉外法治人才的法学专业（以下简称"涉外法治专业"）应当以法学专业为基础，涵盖包括法学、经济学、管理学、国际关系学、国内法的专业基础知识和涉外法律、国际法、国际惯例等方面的知识在内的交叉型专业，培养兼具法律专业知识、人文社科知识、一定的自然科学知识，擅长对外沟通交流、善于处理各种涉外法律事务的高级专门人才。这一专业在指导思想、培养目标、专业标准等方面与所属专业类下其他专业有明显区分：

（1）指导思想方面。根据2018年教育部和中共中央政法委员会联合发布的《关于坚持德法兼修实施卓越法治人才教育培养计划2.0的涉外法治人才培养新格局》，党的二十大报告和2023年2月中共中央办公厅、国务院办公厅印发的《关于加强新时代法学教育和法学理论研究的意见》以及中共中央《关于制定国民经济和社会发展第十四个五年规划和二〇三五年远景目标的建议》中强调的"加强涉外法治体系建设"以及习近平总书记的重要讲话精神，涉外法治人才培养的指导思想为：以中国特色社会主义理论体系为指导，以适应中国对外开放和经济交往对高质量涉外法律服务的迫切需求为方向，以培养具有广阔的国际视野、卓越的法律素质、扎实的实践能力、深厚的文化底蕴、高尚的人文情怀、良好的外语素养的涉外法治人才为目标，以全面实施素质教育为主题，以提高涉外法治人才培养质量为核心，深化高等法学教育改革，革新涉外法治人才培养机制，促进国家对外交往，保障国家利益，为加快建设社会主义法治国家提供强有力的人才保证和智力支撑。即"维护国家利益、服务对外交往、具有国际视野、具备综合素质"。可

第八章 "植入式"法学政产学研用协同育人机制之具体举措

见,其指导思想更具时代性、复合性和交叉性。

(2)培养目标方面。涉外法治人才培养目标可以概括为培养德法兼修,具备扎实的法学基础与国际法知识,能够进行跨文化沟通,通晓国际组织运行与全球治理规则的"德才兼备、国际化、复合型"的涉外法治人才。"德才兼备"是涉外法治人才培养具体目标的根本,涉外法治人才必须在以国家利益为重的"大德"的指引下,具有处理国际事务、解决国际纠纷的实际能力。"国际化"是涉外法治人才培养具体目标的要求,一方面要求涉外法治人才自身具有国际视野、具有国际化要求的专业水准,另一方面要求建立"国内—国际合作培养"机制。"复合型"是涉外法治人才培养具体目标的应有之义,涉外法治人才不仅需要具备完备的国内法以及域外法知识,还需要具备外语技能以及其他相关学科的知识,例如国际关系、国际政治、世界经济、人文社会科学等知识,甚至需要掌握一定程度的自然科学的知识,构建"复合型"的知识结构。与国际法专业注重国际公法方向、国际经贸规则专业注重经贸领域法律实务相比,涉外法治人才培养目标更具跨学科的交叉性、公法与私法的复合性、理论与实践的并重性。

鲁东大学盈科法学院践行的"植入式"法学政产学研用协同育人机制强调坚持以习近平新时代中国特色社会主义思想为指导,深入贯彻习近平法治思想,落实立德树人根本任务,以国家涉外法治人才战略需求为导向,夯实基础、拓展路径,探索培养复合、应用、创新的产教融合型涉外法律服务人才。盈科法学院旨在以鲁东大学及盈科律师事务所优势资源为基础,联合山东自贸区烟台片区国际仲裁院、中国国际贸易促进委员会烟台市委员会、中国国际经济贸易仲裁委员会山东分会(烟台)庭审中心等涉外法律实务部门,建成融通型涉外商事法律服务人才的协同培养联盟，造就涉外商事法律服务拔尖创新人才。鲁东大学探索涉外法治人才培养，依托教育学博士点、国际商务专业硕士点、经济学、国际经济与贸易本科专业以及山东省海洋经济可持续发展软科学研究基地、亚太经济研究中心、自贸区研究中心等平台；借助学校深厚的英语、法语、日语、朝鲜语等专业语言教学能力；遵循盈科律师事务所"全球视野、本土智慧"而确立的"规模化、专业化、品牌化、国际化"发展道路；结合盈科法学院培养"复合型、应用型、创新型法律人才"的目标定位，将涉外法治人才培养方向确定为：培养系统掌握法律基础理论和相关跨学科知识，具有中国情怀和国际视野，能够进行跨文化沟通，通晓国际贸易、国际投资、国际金融等领域的基本业务，并能熟练运用相关法律规则的融通型涉外商事法律服务人才。

（3）专业标准方面。涉外法治人才培养的专业标准应当从"知识标准、能力标准、素质标准"三个方面予以考察。在"知识标准"方面，涉外法治专业强调"厚基础、宽口径"，形成国内法学与国际法学交叉、法学与其他人文社会科学交叉、人文社会科学与自然科学交叉的知识体系，以及一个宽基础的金字塔式的知识结构体系。在"能力标准"方面，涉外法治专业要求学生具有处理国际法律事务的能力，具有为国家对外交往服务的能力，具有维护国家主权、国家利益的能力；具有较强的语言能力；具有综合处理国际争议的能力等。在"素质标准"方面，涉外法治专业要求学生必须具有坚定的社会主义法治信念和较高的法律职业道德水平，具有良好的身心素养、政治素质和职业道德，包括健全的人格、健康的心理、顽强的意志；遵从法律、追求正义；诚实守信、具有高度的社会责任感和服务人民的自觉意识；富有创新意识和开拓精神；具有维护国家

第八章 "植入式"法学政产学研用协同育人机制之具体举措

主权和保障国家利益,促进国家正常对外交往的大局观。相对于其他专业,涉外法治专业的标准更具综合性、统一性。盈科法学院探索的涉外法治专业正是产学研融合的产物,在"植入式"法学政产学研用协同育人理念的指引下,在培养思路、培养计划、育人体系、师资结构、课程设置、平台保障等方面有独特的要求:

第一,开阔的培养思路。涉外法治人才的培养要求除强调学生应具备宽广的国际视野、熟练的外语运用能力、扎实的国别法律基础、丰厚的跨文化人文素养以及敏捷的风险应对能力,还强调高校应当植根于区域战略定位而因地施教、因时创新,从而提升涉外法治人才与国家多层级对外开放思维的契合度。当前,涉外法治人才的培养应秉承校内合纵、校外连横的思路。一方面,校内合纵。坚持服务国家战略,明确专业设置的目标和定位,以人才培养为中心,以涉外法治人才培养质量和效率提高为核心,成立涉外法治人才协同培养基地管理中心,整合法学、国际商务、国际经济与贸易、外语、国际教育等学科专业、科研平台、师资力量教学资源,挖掘和培育一批涉外法治人才教学科研骨干教师,集全校精英力量培养人才。另一方面,校外连横。紧抓与盈科律师事务所战略合作的契机,积极向外拓展与相关涉外法律机构间的合作,注重实践教学,扩大实践渠道。以合作项目、合作课程、共建实习基地、共创研究中心等协同机制实现资源共享、优势互补,建成以鲁东大学为中心,涉外法律实务部门为环的"涉外法治人才协同培养联盟"。

第二,动态的"一站式"人才培养计划。人才培养计划根据市场、社会需求、学科发展予以动态调整,对涉外人才进行经济、法律、人文等知识的一站式培养。一是充分调研市场需求,跟踪和掌握当前国家在国际贸易、纠纷等方面的服务市场

— 195 —

需求，明确市场对于涉外法律人才的具体要求和技能需求。二是根据调研结果确定培养目标，着重全面培养学生的法律知识能力、外语能力、跨文化沟通能力、国际贸易与纠纷解决能力等综合素质。三是持续跟踪培养成果，定期对学生的学习成果、就业状况等进行跟踪分析，动态评估培养的实际效果。四是适时调整培养方案，根据学生、市场反馈，针对涉外商务部门、涉外企业、律师事务所、国际商事仲裁机构等不同的就业方向，及时对培养方案进行调整，保证培养出的人才符合培养目标和市场需求。

第三，"一体贯通式"的教学育人体系。打破人事、课堂、地域等方面的限制，实现教学育人体系的贯通式发展。一是打破人事壁垒，实现涉外法治人才培养教学队伍的一体贯通。建立涉外法治人才培养指导委员会，实行人员互聘、职称互认、薪资互补的灵活人事政策。建立学业导师、实务导师、国际导师的"三导师制"，将师生互评机制扩大至全体导师。二是打破课堂界限，实现教学方式的一体贯通。建立线上线下、校内校外、国内国外"三结合式课堂"，构造学术讲座、论坛等短期培养，专题性学习等中期培养以及职业性学习等长期培养的"三阶段培养链"。重点打造"嵌入式律师实务课堂"品牌，要求学生参与法律文献检索、会见当事人、撰写法律文书、出庭应诉等涉外法律实务性活动。三是打破地域界限，实现教学空间的一体贯通。借助国际性大型律师事务所的资源优势，安排学生在中国国际经济贸易仲裁委员会、香港国际仲裁中心、新加坡国际仲裁中心、国际商会仲裁院等国际知名商事仲裁机构的实习实训。建立实务训练常态机制，要求师生实际参与法律纠纷的诉讼与非诉讼业务，增加相关经历在学生和教师考核评价制度中的比重。

第四，合理的师资结构。师资结构的科学性与完整性是涉

第八章 "植入式"法学政产学研用协同育人机制之具体举措

外法治人才培养的根本,一套完整的涉外法治人才培养体系需要师资力量去付诸实施。就个体层面而言,为满足涉外法治人才培养需要,涉外法治专业教师除具备法学教师素质,还应当具备海外学习经历、涉外课程讲授经验、涉外法治研究能力等。其中,海外学习经历影响教师的授课方向;涉外课程讲授经验影响教师的施教水平;涉外法治研究能力影响教师的理论前沿认知。涉外法治专业师资队伍中至少 1/2 专业教师应具有博士学位,至少 1/4 专业教师应具有海外留学经历,至少 1/3 专业教师应具有涉外实践工作经验。

就群体角度而言,涉外法治人才培养的师资应当升级形成"法学+外语+X"国际育人团队。一是着眼于专业背景,内培外引具有法学+国际贸易、国际金融、经济学等多学科背景的复合型高层次人才;二是着眼于实践经验,引进或者聘请具有丰富经验的涉外商务部门、律师事务所、仲裁机构、大型涉外企业的人员加入育人团队;三是着眼于国际视野,吸引具有国外著名高校法学、经济学、金融学等教育背景,在国际经济组织、国际商事仲裁机构有工作经历的人员充实育人力量;四是实施育人团队成员提升计划,所有成员必须熟练掌握一门通用外语,定期或不定期赴涉外法律实务部门培训,最终形成"法学+外语+X"的复合型育人团队。

第五,与时俱进的课程设置。课程体系设置是人才培养的关键环节。涉外法治人才培养具有国际型、应用型、复合型、(地方高校面临)区位型的特征,反映到课程设置中,则表现为涉外课程、比较法课程、交叉课程占据相当比重,专业实践课程与专业理论课程并重,课程设置凸显应用性等。具体要求上:涉外课程占比应达到 1/3;比较法课程要求学生具备比较法分析意识,视条件增加多门选修课程;重视交叉课程设置,至少应当基于学校特色或本地区现实需要形成1个到2个交叉课程模块，如"语言+比较法""经管+语言+比较法"等；提高实践课程比重，突出涉外法治人才应用型特征，专业实践课程数量至少达到与专业理论课程比重相当的水平。总之，通过与时俱进的课程设置，培养具备"法律职业道德""法学理论素养""法律应用能力""通晓国际规则""人文道德素养""对外沟通能力"等涉外法治服务基本能力的人才。

第六，"立体化"的教学研究平台。"立体化"的教学研究平台建设对涉外法治人才培养具有重要意义。一是要形成多层级的学术研究平台，拥有中国企业海外法律服务与研究中心，打造国际商事纠纷法律服务"一小时工作圈"。拥有涉外培训团队、研究团队、咨询团队三支服务队伍，设立国际商事纠纷法律服务首席专家和专家库成员。二是要建立"庭审云课堂平台""仲裁虚拟实验平台"等实习实训平台，通过云平台，将真实的国际商事纠纷解决过程引入教学过程。利用真实的案例，开展常态化的模拟仲裁，进行虚拟实验。三是要提倡并实施"国际开放培养资源倡议"，通过购买、互换等方式与国内外知名高校共享包括课堂教学、图书资料、法律法规、司法案例等内容在内的培养资源，并与之建立友好关系，开展互派教师教学、实务训练、学术交流等活动，构建理论研究、课堂教学、实习实训的综合性育人平台。四是要拓展多样的实践基地。涉外法治实践教学应当由法学院同实务部门联合完成，学生必须亲身参与涉外法治实践以真正实现专业技能提升。高校应当积极建立同实务部门的实训合作关系，并扩大专业实践课程应用情境覆盖面。实践基地数量上，至少应当实现在平均每5名至10名本科学生中设置一个实习基地；实践期限上，专业实习不少于18个月，集中实习不少于6个月；实习单位类型上，包括但不限

第八章 "植入式"法学政产学研用协同育人机制之具体举措

于具有涉外业务的律师事务所、地方高校所在自贸区行政管理机关、涉外法庭、仲裁庭等实务部门、具有涉外规章立法职能的地方立法机关、涉外型企业等。

(七)拓宽数字法学教育方式

数字法学是现代法学适应数字时代变革发展的转型升级，数字法学教育是利用数字技术和在线平台来提供法学教育的一种创新方式，需要大胆创新教育模式、大量培养创新型人才，才能为数字法学的后续发展提供智力支持。[1] 应对数字社会，可以采取以下方式拓展数字法学教育方式：

第一，通过虚拟现实和增强现实等技术，实现智能化学习。通过虚拟现实和增强现实技术，学生可以参与沉浸式的法律案例模拟和互动体验，加深对法律概念和实践的理解。利用人工智能技术开发智能化学习系统，根据学生的学习进度和需求提供个性化的学习内容和建议，帮助他们更高效地学习法学知识。智能化学习模式结合法学领域的知识和信息技术，能够为学生提供更加个性化、灵活和有效的学习体验。其一，智能化学习模式能够提供个性化学习体验。通过分析学生的学习数据和行为模式，智能化系统可以为每个学生提供个性化的学习路径和资源，帮助他们更好地理解法学知识。其二，智能化学习模式能够实现实时反馈，以及互动式学习。智能化系统可以及时跟踪学生的学习进度和表现，为他们提供即时反馈和建议，帮助他们及时调整学习策略。利用虚拟实验、模拟案例和在线讨论等工具，数字法学智能化教育能够增加学生与教师以及学生之间的互动，促进学习氛围的形成。其三，智能化学习模式能够

---

〔1〕 马长山：《数字法学的理论表达》，载《中国法学》2022 年第 3 期，第 143 页。

— 199 —

实现资源共享，节省教学成本。数字法学智能化教育可以整合各种在线资源，包括电子书籍、网络课程、案例分析等，为学生提供更加丰富和多样化的学习资料。学生可以根据自己的学习节奏和兴趣自主选择学习内容和学习方式，提高学习的自主性和主动性。同时，通过智能化学习系统，可以节省教育资源和成本，例如减少纸质教材的使用、节约教学空间等，为教育机构和学生节约成本。综上，数字法学智能化教育和学习模式的发展对于提升法学教育的质量和效率具有重要意义，同时也为学生提供了更多元化、便捷化的学习选择。

第二，通过在线法学课程学习，实现教学方式的与时俱进。大数据时代的到来使得教学方式更加多样化。提供在线法学课程，不仅可以让学生根据自己的时间表自主学习，包括录制视频讲座、在线讨论板等形式，还可以打破地域限制，让更多人获得高质量的法学教育。授课老师先是在法律专业主线上进行交叉研究，如网络空间治理、平台治理、数据治理、算法治理等，然后再把其中已经融合好的跨专业知识和理论传授给学生去消化吸收，而并非简单地将课程平行相加，从而实现从课程交叉到知识融合的教育升级。[1]

当前，法学的课堂教学媒介大多采用多媒体等教学系统，但是无论课堂教学手段与方式如何变化，师生之间交流的媒介如何转化，师生互动以最大化地发挥学生主动性的本质不会改变。大数据时代下，强调个性化、多样化教育，注重学生实践能力提高的法学课堂教学应摆脱教师主导，摒弃传统的教化和规训，转为教师对学生学习行为的更大支持、更多服务以及更

---

[1] 马长山：《数字法学的理论表达》，载《中国法学》2022年第3期，第143页。

第八章 "植入式"法学政产学研用协同育人机制之具体举措

有力的引导,以图进一步开发学生对自我的认识能力,提高学生的逻辑判断能力及自我组织学习的能力。在大数据时代,法学教学方式的转变需要明确以下三个方面:其一,法学教学方式更偏重引导。大数据时代下,网络普及,信息技术等应用改变了传统的基于师生双方掌握的信息不对称而形成的"教学"关系,学生或许在某些领域所掌握的信息会超过教师,故而,教师的作用转变成为必然,其引导功能和组织功能将被放在突出的地位,教学过程突出学生的主体地位,力图寓教于学,教学合一。[1]其二,重视教师之间的交流。传统法学教学中教师与教师之间也有合作,其中资深教师与新进教师之间不乏交流。但实践表明,在传统教学模式下,教师之间的信息交流较之信息化时代,效率要低得多。随着大数据时代的广泛深入影响,科学技术的不断应用,教师间的交流在深度、力度和广度上要大大超过以往,这种交流的深入有助于教师业务水平的促进以及法学教学效果的提高。其三,重视学生间的合作。信息化技术的应用以及大数据时代为学生之间的合作提供了更为广阔的空间,而且高科技的应用使得学生之间的交流变得更为快捷、轻松,使得学生更容易发现自己的弊端,并取长补短。[2]如此,有助于形成一种更有生命力的法学课堂教学方式。

第三,拓展在线法律实践项目。为学生提供在线法律实践项目,让他们参与真实案例的分析和解决过程,培养实际操作能力,提升实践经验。在线上实践中,积极推进高校与头部企业、政府部门、司法机关、律师事务所等机构的合作。一方面

---

[1] 闻静:《姬十三:MOOC将重新定义老师、学生和学校》,载http://special.caix-in.com/2013-11-28/100610743.html,2024年3月6日访问。

[2] 侯大为、杨江帆:《大数据时代对大学教育创新的影响研究》,载《科教文汇(上旬刊)》2014年第34期,第4页。

邀请这些领域的实务专家进校授课、强化理论和实践的互动交流，同时开通线上平台，线上答疑交流；另一方面，为学生提供机会和条件，支持学生广泛参与社会实践，在实践中学习知识、发现问题和探索创新。只有如此，才能营造开放互动的学习氛围和教育环境，培养出适应数字社会需要的新型优秀人才，进而推进数字法学的发展成熟。[1]

第四，构建社交化学习平台，让学生在学习过程中可以互相交流、讨论，分享学习资源和经验，促进学习氛围和合作精神。大数据时代的到来使得国际性、开放性教学成为可能，这亦契合了法学国际性的特征。在大数据时代，法学教学平台的不断拓展应该力图实现以下两个目的：一方面，学生得以通过各种媒介和平台掌握更多的学习资源和更有效的学习方法，具有更强的学习主动性，从而更深入地参与到法学教学的各个环节，同时可以向教师提出个性化的学习诉求，为教师有针对性地进行引导奠定基础。另一方面，教师可以通过查看、分析学生在学习过程中的各种浏览数据和鼠标点击的记录，从而发现不同学生对不同知识点的不同反应，进一步调整上课安排。通过分析这些资料、数据和规律，在线学习平台逐渐弥补了缺少老师当面指导的弊端，增强了在线学习的主动性和有效性，而且当前的教育平台已尝试通过虚拟情境实施实践辅导。在这两个目的的导引下，在大数据时代下，法学教学平台的不断拓展应以网络信息科技为平台，将教的步骤置于网络平台之上，在课前进行，课堂中则以学生提问、教师指导和答疑为主要形式，学生应当把注意力放于课堂之外。这一过程力图使主动性、开

---

[1] 马长山：《数字法学的理论表达》，载《中国法学》2022年第3期，第143页。

第八章 "植入式"法学政产学研用协同育人机制之具体举措

放性和个性化的教学过程通过方便、快捷、直观的网络平台高效完成,使得教学过程实现最大限度的开放,[1]使得大学教育通过网络和信息技术等逐渐延伸,使得大学更具包容性,成为知识交流、思想碰撞的平台。MOOC 和 edX 的适用为法学教学平台的不断拓展提供了崭新的视角。其免费给大众提供具备大学教育水平的在线课堂,提高教学质量,推广网络在线教育,成功实现了一种高端的知识交换。edX 目前已经拥有近 100 万名注册者,已经在全世界高校范围内被广泛认可并使用,虽然其教学视频只能在 YouTube 上观看,但我国现在也有了自己的课程平台,如清华大学的"学堂在线"。总之,大数据时代下,教学平台的不断拓展使得高校教育在一定意义上已然国际化。

第五,开拓数字化教学资源库。建立包括电子书籍、在线期刊、案例分析等的数字化教学资源库,为学生和教师提供丰富的法学学习资源,促进信息共享和学术交流。盈科法学院在《习近平法治思想概论》课程的教学充分体现了协同育人的理念。其一,开展了"混合式教学法"+以"虚拟教研室"推动习近平法治思想进高校进课堂进头脑为主题的教学、教研活动。鲁东大学与江苏警官学院合作,建立跨学校、跨地域的习近平法治思想概论虚拟教研室,采用跨学校、跨地域的 TBL(基于团队的教学方法)。互相交流交换备课成果、讲义和其他课程资料,在充分依法尊重对方著作权的基础上,在本校的教学中互相借鉴使用。其二,将"案例教学法"+"混合式教学法"等教学方法密切结合。以学生的未来职业发展目标为中心,以案例教学为引导,实行线上线下相结合的"混合式教学",切实提

---

[1] 侯大为、杨江帆:《大数据时代对大学教育创新的影响研究》,载《科教文汇(上旬刊)》2014 年第 34 期,第 4 页。

高教学效果。其三,重视实践教学。将实践教学融入理论内容,以法律实务领域中的典型案例为线索,使学生掌握如何将习近平法治思想的世界观和方法论运用到法律实践中。其四,重视自主学习、合作学习和课堂讨论。坚持"以学生为中心"的全员育人、全过程育人、全方位育人理念,以启发学生思考;以学生研究型自主学习为主体,教师课堂讲授为主导,采用多媒体、小组讨论等手段和方式。学生自主学习后,进行课堂分享,同学讨论,教师点评。

综上所述,通过以上方式,可以拓展数字法学教育的形式和内容,提升教学效果,培养学生的综合能力和创新思维。

二、拓展法学学术研究

大学的价值在于是否能为社会培养真正有用的人才,是否真正产出能推动社会发展进步的科研成果。[1]"植入式"法学政产学研用协同育人机制除强调培养合格的法科人才,也从强化科研主体建设、健全多形式的科研合作长效机制、完善法学专家智库、拓展法学应用型研究等方面着手拓展法学学术研究。

(一)强化科研主体建设

教师是新法学建设成败的关键,法学教师自身的专业水平和教学水平直接影响法学课堂的教学质量和学生对法学知识的学习效果。教学改革"改到痛处是教师",教学改革必然涉及对教师队伍的改革。只有教师掌握了新的知识和方法,具备了新的技能,才能开设出真正面向学生的新课程,才能培养出应用型、复合型、创新型高阶法治人才。

---

[1]《探索创新型人才培养的新模式——中国人民大学校长纪宝成在中国知识产权高等教育二十年论坛上的讲话》,载《中国发明与专利》2007年第11期,第19页。

第八章 "植入式"法学政产学研用协同育人机制之具体举措

1. 加强校内"双师型"师资队伍建设

教师综合素质的高低决定着人才培养的质量,决定着高等教育的发展命脉。"双千计划"和"双师型"师资队伍建设在一定程度上缓解了理论与实践严重脱节的问题。[1]加强法学专业校内"双师型"师资队伍建设是重构法学课程体系、提高学生实践能力的关键一环,应当从以下角度着手加强校内"双师型"师资队伍建设:

首先,建设"双师型"师资队伍需要提高教师的学科素养和学术造诣。法学专业的校内教师应具备深厚的学科知识和丰富的教学经验,能够培养学生扎实的法学基本功。同时,他们还应具备跨学科的素养,能够引导学生进行学科间的交叉融合,促进创新思维的培养。为了这一目标,一方面,法学教师应该加强自身学科深造,不断更新知识,密切关注最新的法学研究领域和理论发展,加强对重大法律问题的研究和分析,以提高自身的学术能力和学科素养;另一方面,法学教师应积极参与学术交流和学术会议,与学界同行进行学术思想交流和互动,积极从事科研工作,参与有影响力的学术研究项目,出版和发表高水平的学术著作和论文,提高自身的学术造诣。除了学科素养和学术造诣,法学教师还需要培养优秀的教育教学能力,熟悉教学方法和教育心理学,注重教学设计和教学评估,以提高教学效果和学生的学习动力。

其次,建设"双师型"师资队伍需要加强教师实践教学和案例分析的能力。法学教育应该注重实践,培养学生解决实际问题的能力。教师应该具备丰富的实践经验,并能够将实践案

---

[1] 窦衍瑞、王岩云:《习近平法治思想指引下的新法学建设》,载《法学教育研究》2022年第2期,第187页。

例与理论知识相结合，引导学生深入思考和分析。因此，学校在招聘教师时，应注重教师的实践经验和专业能力，确保教师具备与实践教学相匹配的经验和能力。除此以外，学校可以通过开展教师培训和专业发展计划，提升教师的实践教学能力，如提供实践教学方法的培训、邀请实践专家举办讲座和指导，并给予教师充分的支持和鼓励。法学教师应努力积累丰富的实践经验和案例资源，可以通过参与法律实务的机会，如在法院、检察院、律师事务所等实习或兼职，增加自身的实践经验和案例积累，加深对法律实际运作的理解和把握。

再次，建设"双师型"师资队伍需要注重教师的思政能力和价值观引领。新法学建设要求必须大力加强法学师资队伍建设，引导法学教师始终坚持法学教育的社会主义方向，真正成为马克思主义法学的忠实传播者;[1]法学教育不仅要培养学生的专业素养，还要培养学生的社会责任感和公民意识。因此，法学教师应该具备良好的品德操守和正确的价值观念，能够引导学生树立正确的法律伦理观念和社会责任意识。

最后，建设"双师型"师资队伍需要注重教师的培养和评价机制。采取积极的措施鼓励没有取得法律职业资格证的年轻教师通过司法考试，为加强"双师型"师资队伍建设创造前提条件。学校可以通过培训和交流活动，提升教师的教学和研究水平。同时，学校要建立科学的评价体系，鼓励教师在教学和研究方面取得创新成果，并将其纳入师资队伍的选拔和晋升标准。为了培养法学教师的实践教学能力，通过相关政策与措施引导鼓励教师到实务部门锻炼学习，切实提高其法律实务操作

---

[1] 赵大程：《坚持以科学发展观为指导 为全面落实依法治国基本方略培养合格法律人才》，载《中国司法》2010年第7期，第18页。

第八章 "植入式"法学政产学研用协同育人机制之具体举措

能力；规范法学教师的律师兼职工作，使得其通过律师执业所获得的实践经验真正用于法学教学，提高校内实践教学的效果。

总之，"双师型"师资队伍能够为学生提供全面的法学教育，培养具有跨学科思维和实践能力的法学人才，适应时代的发展和需求。加强法学专业校内"双师型"师资队伍建设是重构法学课程体系、提高学生分析问题和解决问题能力的重要举措。

2. 强化校外兼职师资队伍建设

加强法学专业校外兼职师资队伍建设可以丰富和拓宽法学教育的资源和视野，提高教师的实践经验和专业素养；加强法学专业校外兼职师资队伍建设需要学校、行业机构和专业人员的共同努力和支持。

首先，通过地方高校与法律实践部门签订合作培养协议的方式，聘请具有实践教学理论素养、业务素质精湛、工作认真负责的法官、检察官、律师担任高校法学院系兼职教师。搭建法学专业校外兼职师资队伍与法学院校的合作平台，促进双方之间的交流与合作；并建立联络机制、约定合作标准，明确兼职教师的权利和义务。通过与实际工作经验丰富的专业人员合作，可以让学生更好地了解法学实际应用和行业需求，提升他们的专业素养和就业竞争力。

其次，建立校内外法学教师实践教学协作指导机制，由校内外法学教师共同制定法学实践课程、教学安排计划及毕业论文选题等，努力实现理论与实践的有机结合。法学院校可以定期邀请法律实务领域的专业人员担任兼职讲师，这些专业人员应该具备丰富的实践经验和研究成果，能够将实际案例与理论知识相结合，为学生提供更贴近实际的教学。除了定期邀请专业人员，法学院校还可以引进行业顶尖人才。法学院校可以通过合作协议或项目合作等方式吸引他们参与教学工作，并提供适当的待遇和支持；以及通过引进行业的顶尖人才担任兼职教师，使学生接触到最前沿的法学发展动态和实践经验。另外，法学院校可以通过加强行业交流与合作，进一步强化法学教育研究。法学院校可以与法律机构、律师事务所、法院等建立密切联系，促进行业与学校之间的交流与合作；可以与外部机构合作开设实践课程、实习项目等，使学生能够在实际工作环境中学习和实践；鼓励兼职教师参与法学教育研究，推动理论和实践的结合，可以组织研讨会、学术交流等活动，促进兼职教师之间的学术合作和知识分享。

最后，建立地方高校与法律实践部门合作共赢机制。市场经济条件下，与地方高校合作的一方，无论是法院、检察院、司法局还是律师事务所，均应坚持平等互利原则，实现合作双方互利共赢。与此同时，加强实务教师激励与约束机制，规范兼职教师劳务报酬发放，职务（职称）晋升、实践教学效果考核与责任承担等，提高教师教学的自觉性，并进一步为兼职教师提供专业培训和发展机会。针对兼职教师，法学院校可以提供专业培训和发展机会，包括教学方法、课程设计、学科前沿等方面的培训，这样既可以提升兼职教师的教学水平和能力，也能进一步加强他们与学校的合作。通过制定兼职教师评价的标准和流程，定期对其进行绩效评估，可以确保兼职教师的教学质量和专业素养，并对其教学成果给予肯定和奖励。

3. 完善双师互聘制度

完善法学教师和司法实务人员的双师互聘制度，可以促进法学教育与司法实践的深入融合，提升法学教育的实用性和质量。

首先，通过设立双师互聘岗位，促进教师参与实务。建立

第八章 "植入式"法学政产学研用协同育人机制之具体举措

专门的双师互聘岗位,面向司法实务人员和法学教师开放;司法实务人员可以兼职或全职担任法学教师,同时法学教师也可以在司法机构、法院或律师事务所等从事实务工作。鼓励法学教师参与实务工作,包括参与案件审判、提供咨询意见等,可以让教师更加贴近实际工作,获取实践经验并将其应用于教学中。

其次,提供培训和交流机会,推动教研项目合作,充分发挥资源优势。为双师互聘人员提供专业培训和交流机会,包括学术会议、研讨会、实践交流等,可以促进双方之间的知识分享和互相学习,提升专业能力和教学水平。促进法学教师和司法实务人员之间的教研项目合作,共同承担科研项目、撰写研究论文等,可以进一步促进理论与实践的结合,推动法学研究的深入发展。利用双师互聘制度的优势,充分整合法学教育机构和司法实务部门的资源,建立合作框架,共享课程资料、案例数据库、调研成果等,以提高教学效果和研究水平。

最后,建立监督评价机制,加强政策支持。建立监督评价机制,确保双师互聘制度的有效实施,同时及时总结经验,不断完善制度,确保双方的合作效果最大化。制定评价标准和指标,对双师互聘人员进行绩效评估和考核,鼓励教师和实务人员相互评价,以确保双师互聘制度的顺利运行和有效实施。政府部门应加大对双师互聘制度的政策支持力度,为双师互聘人员提供相应的待遇、福利和职业发展机会,从而吸引更多的优秀人才参与到双师互聘中,促进法学教育和司法实务的良性互动。

总之,通过完善法学教师和司法实务人员的双师互聘制度,法学教育可以紧密结合实际需求,培养更具实践能力的法学人才,并推动法学理论与实践的不断创新和发展。

（二）构建科研共享长效机制

在法学协同育人的背景下，构建科研共享长效机制平台非常有意义，可以促进法学科研的合作与创新，提高研究质量和学术影响力。盈科法学院通过构建共享平台，可以实现资源、人才的共享，推进法学专业的学术研究。具体而言，法学院可以从以下角度切入：其一，资源共享。法学院可以与盈科律师事务所达成相应的案件资源分享协议，即让此事务所适时地向法学院提供相应的案件审理资源，增强学术研究的专业性和实践性。其二，经验共享。在进行法学专业学术研究的过程中，法学院可以结合相应的合同，外聘盈科律师事务所律师，让他们参与到此项学术研究中，增强本校法学专业学术研究的接地性。以下是构建科研共享长效机制平台的一些建议：

首先，建立多元合作机制。通过建立法学科研团队、联合研究中心或研究联盟等组织形式，促进不同学校、机构、领域之间的合作与交流，可以集聚专业人才，整合研究资源，推动科研成果共享。一方面，邀请国内外专家学者、司法实务工作者通过做讲座、座谈等多种形式开展科研交流。2023年5月26日，首都经济贸易大学法学院张世君教授应邀为盈科法学院师生作《破产行政化的理论阐释、功能反思与制度应对》的专题报告。2023年9月1日，中国政法大学陈夏红教授应邀在盈科法学院模拟法庭为全院师生作《追寻破产法的宪法根基》专题报告。陈教授从破产法的宪法根基、破产法上的横向关系、破产法上的纵向关系、我国宪法对破产法的支持、破产法的内部架构及合宪性意识等方面展开深入阐释，追寻破产法的宪法根基。整场报告既有深刻的理论剖析，又引用大量的实践案例，理论与实践紧密结合，追溯历史根源，对破产法的宪法根基进行了深度解读。之后还邀请了北京市尚公（烟台）律师事务所

第八章 "植入式"法学政产学研用协同育人机制之具体举措

主任、全国优秀律师张克山等开展与谈,对报告内容进行点评解析。2023年9月19日,清华大学张卫平教授应邀来学院作学术报告。张教授以《司法统一的路径与方法》为题,提出司法统一的本质是法律适用的统一;同案同判更加精确的描述应该是类案同判。

另一方面,充分融合利用法学院和律师事务所双方在人才、经验、平台的资源,实现学术资源优势互补,在法学理论与实务研究方面进行全方位合作,通过定期召开学术会议、发表学术成果、举办学术研讨等多种方式建立长效科研合作机制。合作设立法学科研基地与研究中心、智库等平台,整合资源,共同搭建交流与协作平台,探索法律共同体在学界和实务界的新方式。为实现上述目标,盈科法学院自成立以来,便邀请在行业内具有一定影响力的专业律师参加研讨会,并聘请其为兼职导师。如在《中华人民共和国海南自由贸易港法》《中华人民共和国行政复议法》修订前后,邀请相关专业的律师从司法实务角度进行阐释,尤其是与相关专业教师进行讨论,如围绕《中华人民共和国海南自由贸易港法》的出台背景、主要亮点、重点条文及相继出台的海南自由贸易港法规、相关制度展开,结合相继出台的《海南自由贸易港市场主体注销条例》《海南自由贸易港企业破产程序条例》等海南自由贸易港法规、相关负面清单、相关制度以及实际案例等内容进行了详细解读。以此为基础,重点阐述山东省人民政府办公厅于2022年底出台的《关于进一步优化营商环境降低市场主体制度性交易成本的实施意见》,深入解读山东省更加自由化、便利化的营商环境、鼓励投资以及商事调解等多元化的纠纷解决机制等,这些都会积极引发商法、经济法、国际经济法以及国际贸易法等相关专业教师的深入思考和探索。

— 211 —

其次，创建开放共享平台。创建法学资源开放共享平台是促进法学研究和教学发展的重要举措。一个开放共享的平台可以提供法学文献、案例、数据库等资源的集中存储和便捷获取，为法学学者、研究人员和学生提供更广泛的学术支持。建立面向法学学者的开放式科研平台，包括数据库、文献资料分享平台、研究工具共享平台等，方便研究者获取和共享相关数据、文献、工具等信息，有助于加强研究方法的交流与推广，提高研究效率。创建法学资源开放共享平台过程中应当注意以下方面：其一，建设开放性的在线平台，实现资源分类与标准化。搭建一个可访问性高、用户友好的在线平台，使用户能够方便地上传、检索和下载各种法学资源，该平台应支持多种格式的文件，如文献、报告、案例研究、课程资料等。对法学资源进行分类和标准化，方便用户根据需要进行检索和筛选；采用统一的元数据描述法律资源，包括作者、出版物、关键词、摘要等信息，以提高资源的搜索和使用效率。其二，提供全文检索功能，鼓励用户贡献与分享，关注知识产权和版权保护。建立全文检索引擎，使用户能够通过关键词快速查找相关资源，以节省时间和精力，提高资源利用的效率，鼓励法学学者、研究人员和专业机构积极贡献自己的研究成果和教学资源，分享他们的经验和知识；在平台上设置上传功能，确保资源的多样性和共享性。确保上传的资源符合法律和伦理准则，遵守知识产权和版权的规定，为此，平台应设立审核机制，对上传的资源进行审查，防止侵权和不当使用行为。其三，增强用户互动与交流，持续更新和维护。在平台上设置评论、讨论和问题解答等功能，促进用户之间的互动与交流，提供一个学术交流的场所，促进法学研究和思想的碰撞与共享。定期更新和维护平台的内容和功能，保持资源的新鲜性和完整性。同时，积极收集

第八章 "植入式"法学政产学研用协同育人机制之具体举措

用户的反馈和建议,不断改进平台的体验和服务质量。总之,创建法学资源开放共享平台需要政府、高校、研究机构等多方力量的支持与合作。只有通过共同努力,在法学领域实现资源的共享与开放,才能推动法学研究和教学的进步与发展。

再次,推动跨界合作与交叉研究,积极拓展法治应用型研究。鼓励法学研究与其他学科的交叉合作,如法学与技术、经济、社会学等学科的结合。促进跨界合作不仅可以拓宽研究视野,更能促进学科创新,产生创造性的成果。科研育人是法学产学研合作教育成果转化的目标,充分利用实务部门丰富的案例及庭审体悟,结合高校高学历法学教师,实现强强联合,促进高校教师掌握学术前沿动态,开展法学应用型研究,撰写论文、申报课题等。基于此,盈科法学院积极鼓励"双师型"教师联合检察院、法院相关人员组成项目组申报法学会研究课题或实务部门等纵向和横向课题,以积极提升学院的科研能力。2023年9月中旬,盈科法学院与烟台市人民检察院就"胶东革命根据地检察制度研究""环境公益诉讼研究""民营企业法治化营商环境的司法保障研究"等重点课题签订了产学研合作协议,通过校检合作推进司法改革,并对实践过程中呈现的问题与困境进行探索与研究,检校双方充分利用各自优势,充分讨论、共同探讨、深度研究人民检察体制和机制改革中遇到的重点、难点问题,以提高高校科研能力与水平,实现检察实务、高校科研的共赢。

复次,建立学术成果共享机制。建立法学学术成果共享机制可以促进学术交流、分享研究成果,并提高法学领域的研究质量和影响力。通过建立学术期刊、学术会议等平台,鼓励学者分享和交流研究成果;建立权威评审体系,确保学术成果的可信度和质量。可以通过以下途径建立法学学术成果共享机制:

其一，开放获取政策，建立学术期刊平台。建立权威的法学学术期刊平台，提供一个发布和传播法学研究成果的渠道，这些期刊应该具有严格的审稿制度和高质量的编辑团队，确保学术成果的可信度和质量。倡导学术期刊采用开放获取模式，使法学研究成果免费对外公开，可以让更多的人有机会阅读、引用和参考研究成果，推动学术交流和合作。其二，组织定期的学术会议和研讨会，为学者提供展示研究成果和交流研究想法的平台，有助于促进学术合作、激发新思路和解决问题。其三，建立研究项目数据库、学术社交网络平台，实现数据共享。建立一个综合性的法学研究项目数据库，包括国内外的研究项目信息，使学者可以了解不同研究领域的最新进展和相关成果，有助于合作研究和资源共享；建立一个包括文献、报告、案例分析等法学学术资源的综合性数据库或学术资源库，以提供方便的检索和查找功能，帮助学者获取所需的法学研究资料；建立专门的法学学术社交网络平台，提供一个学者之间交流、合作和分享研究成果的在线平台，方便学者建立联系、发表评论、分享研究成果等；鼓励学者在法学研究中使用开源的数据集，并促进数据共享。通过共享数据，可以加快研究进展，提高研究可重复性和可验证性。综上所述，为了建立法学学术成果共享机制，需要政府、高校、研究机构和学者们的共同努力和支持。通过共享和合作，可以促进法学研究的进一步发展，推动法学学术的创新和进步。

又次，加强国际交流与合作。积极开展国际的学术交流与合作项目，引进国外优秀学者，推动国内外法学研究的对话与融合，加强国际的学术交流与影响力。综上所述，构建科研共享长效机制平台需要各方共同努力，并注重平台的可持续发展。同时也要注意信息安全和知识产权的保护，确保科研成果的使

第八章 "植入式"法学政产学研用协同育人机制之具体举措

用和共享符合法律和伦理规范。只有通过共享和合作，才能不断提升法学科研的水平和质量，为社会发展和法治建设作出更多贡献。

最后，提升法学本科学生的毕业论文质量。毕业论文撰写是检阅学生所学知识与技能的机会和途径。毕业论文撰写实行严格的导师负责制，指导教师对学生的毕业论文进行实时指导，与学生积极讨论，及时提出修改意见、思路和内容指导。为加强法学专业学生的教育教学培养工作，切实培养和提高学生发现问题的能力，进而激发学生的探索精神，盈科法学院正式聘任盈科律师事务所专职律师为学生导师，指导学生的毕业论文。其在与学生的互动交流过程中，碰撞出思想的火花，使学生获得了知识启迪、训练了法学实务技能、拓展了毕业论文的选题，提升了毕业论文质量，同时也启发了校外导师对科研的灵感和激情。2021年、2022年、2023年6月，盈科律师事务所烟台分所8名律师作为评委参加了盈科法学院法学专业毕业生的论文答辩，对指导学生毕业论文写作提供了很好的建议。

总之，产学研协同教育模式强化了教学与科研的融合，促进了法学教育的实践性与理论性的统一，锻炼提升了专业教师队伍，扩大了高校法学专业的影响力，同时促进了司法实务水平的提高，形成了良性互动，实现了双向共赢。

（三）健全法学专家智库

建立一个完善的法学专家智库可以为法学研究和实践提供专业化的支持和咨询，为地方法治建设提供助力，同时有利于学校法学专业学术研究，为增强学校教师的工作科学化水平赋能。吸引优秀的法学专家加入智库，组建多学科、多领域的专家团队。这些专家应该具备深厚的学术造诣和丰富的实践经验，在法学领域有广泛的影响力和声誉。法学专家智库能够提供咨询与研究服务，可以为政府机构、企业、法律机构、非营利组织等提供法律咨询、政策研究、法律解决方案等服务。

完善法学专家智库，应当首先确立智库目标和定位。明确法学专家智库的宗旨和定位，确定其服务对象、领域范围和核心竞争力。智库可以关注法学理论研究、政策研究、实务经验等不同方面，针对不同需求提供相应的智力支持。在明确了智库目标后，建立专家资源数据库。建立一个包括法学专家的综合性数据库，记录专家的研究方向、成果、经历等信息，方便用户查找和联系相关领域的专家。另外，法学专家智库通过举办学术研讨会和培训活动，定期发布研究报告和政策建议，提供信息咨询和数据库服务，为法学研究和司法实践提供助力。组织定期的学术研讨会、高层论坛和专业培训等活动，提供专家间交流与分享的平台。同时，这一平台也能加强智库与学术界、政府和业界的合作与互动，为法学研究者和实务从业人员提供法律信息检索、数据库查询等服务。智库可以订阅各类法学文献数据库、法律案例数据库等，为用户提供全面、及时的信息支持；定期发布与法学领域相关的研究报告、调研结果和政策建议，这些成果应该具有学术价值和实践意义，能够推动法学领域的发展和改革。

学校要出台导向性文件，采取多种举措，从校内校外、学生和教师多个维度出台相应鼓励政策，搭建跨界交叉融合培养平台，吸引相关单位和人士、学生和老师广泛参与，完善法学智库建设。就校内教师而言，对开设交叉融合课程的教师，可在绩效分配或职称评定时予以倾斜，或作为教改项目，给予一定的经费支持，使专业课教师愿意投入更多精力和时间来参与专业建设，提升法学专业的社会适应性；就学生而言，对于主动加入其中的可作为评优评奖的加分项，以此激发他们学习的

第八章 "植入式"法学政产学研用协同育人机制之具体举措

积极性和创造性;就校外而言,可设立实务岗位或给予荣誉称号等,以此吸引校外专家或实务人士来校参与协同育人,提升人才培养质量。

在实际的智库构建过程中,盈科法学院秉承了以下的步骤:其一,出台智库管理办法。为了保证智库构建的科学性、运转的高效性,法学院与盈科律师事务所协商,出台相应的管理办法,其中包括相应的奖惩规则、人员配比等。其二,组建智库团队。在进行智库团队的建设过程中,法学院为了保证学术研究的科学性,与盈科律师事务所协商,合理控制人员的比例,在保证学院教学以及该所正常工作的前提下,提升学术研究的科学性。其三,设定实施路径。在实施路径的设计中,法学院与盈科律师事务所协商制定具体的实施路径,在学校搜集资料,在盈科律师事务所探讨方案,通过组织不同形式的调查活动,开展不同的探讨活动,形成相应的建议,为地方政府的法治建设建言献策,提升本校教师的学术科研水平,为培养应用型、复合型的法学人才提供必要的指导。

综上所述,建立完善的法学专家智库需要充分利用技术手段,并与相关机构、学术界和业界进行合作。同时,智库还需要建立一套科学的评估机制,确保专家的知识水平和研究能力能够得到有效的评价和监督。只有如此,法学专家智库才能真正发挥作用,为法学研究和实践提供有益的支持与服务。

(四)建立北京教学科研平台

鲁东大学盈科法学院北京教学科研基地在 2021 年 5 月 27 日举行揭牌仪式,该基地的成立目标定位为数字化、人文化与领先性。数字化,即该基地旨在构建全新的教学方法,实现实践学习与法学理论之间的有效融合,构建具有数字化特性的法学授课新模式;人文化,即该基地建立的核心是以学生为本,注

— 217 —

重为我党、我国培育具有时代特色的应用型、复合型法学专业人才；领先性，即该基地旨在打造全球领先的法学院。

该基地师资力量雄厚，一方面，鲁东大学具有雄厚的师资力量，即该校具有较高水平的"双师型"教师队伍，尤其在综合实践能力方面较为突出。具体来说，在该校的师资队伍中，有20余人担任烟台仲裁委员会委员，在烟台的行政机关、司法机关以及立法机关工作，其中有3名教师获得"齐鲁和谐使者"称号，有2名教师入选山东省烟台市"政法智库"，有1名教师担任山东省法治评论员。另一方面，该基地积极实行"双百计划"，引入具有实力的法律专家。在具体实施上，该基地着重从以下三方面入手：其一，聘请实践能力过硬的专家。在"双百计划"实施过程中，该基地聘请了市律师协会会长、中级人民法院副院长。其二，聘请优秀的法学专家。该基地还聘请了国家级、省级法学专家，优化基地的师资队伍。其三，培养具有基地特色的法学教学人才。比如，该基地与外部大学签订人才培养协议，进行法律硕士的培养，即着重结合基地的特色进行有针对性的法学师资人才的培养。

该基地人才培养实践既是对学生实际学习能力的考查，又能展示基地的教学实力，对基地的建设起到了指正作用。其一，指导专业项目以及论文，提高学生的职业胜任能力。在进行法学专业项目的研究过程中，该基地派相应的专家指导法学院学生，促进法学专业项目的实施，提高学生的职业胜任能力。与此同时，该基地派专家指导学生论文，尤其是在论文的编写、修改等方面，促进论文质量的提高，进一步提高该基地法学专业学生的学术水平。其二，指导法学院模拟法庭大赛，提高学生临场应变及实际解决问题的能力。2021年，盈科法学院组织模拟法庭大赛，并邀请盈科律师事务所的高级合伙人担任评委，

第八章 "植入式"法学政产学研用协同育人机制之具体举措

指导法学院学生的参赛技巧，增强他们的心理素质。在此次大赛中，该学院从多个角度入手进行设计：一是，设置合议庭，由盈科律师事务所高级律师合伙人构成；二是，开展法庭辩论，促进学生应变能力以及解决实际问题能力的提升；三是，选拔面试，即盈科律师事务所高级律师结合参赛学生意愿，进行针对性面试。通过参加法学院模拟法庭大赛，该学院学生得到了专业技能的提升，并在近几年的模拟法庭大赛中获得了较好的名次。其三，组织开展 MSW（社会工作硕士）项目设计大赛，提高学生的综合技能与社会服务能力。2021 年 5 月 4 日，鲁东大学盈科法学院组织开展 MSW 项目设计大赛。该次比赛的参评人员由社会工作专业硕士、盈科法学院执行院长、山东工商学院社会工作调研室主任、烟台市民政局三级调研员构成；采用线上与线下相结合的形式，在线上运用"腾讯会议"进行；在实际的比赛过程中，运用抽签的方式决定比赛的顺序；通过此次比赛，盈科法学院学生的项目设计能力得到明显提升，并表现出该学院学生善于研究、勇于创新的时代精神。其四，拓展合作主体，兼顾教学效益与社会效益。为了获得较好的经济效益和社会效益，鲁东大学盈科法学院除了与盈科律师事务所合作外，更为注重拓展合作主体，如兄弟院校、党政机关。与此同时，该学院聘请有经验的一线法律人才等，进一步整合社会资源中有关法律资源的元素，一方面可以将优秀的实践案例引入法学课程，另一方面可以促进产学研机制的进一步发展，真正向社会提供高素质的应用型、复合型人才，取得良好的社会效益和教学效益。

三、服务法治实践

"植入式"法学政产学研用协同育人机制强调法学院和律师

事务所等实务部门以多种形式、在多个层面、从多个阶段入手共同开展服务社会的法治实践。

  首先，以多种形式开展法治服务。组建律师+教师法律服务团队，提升法律服务团队专业化水准，提高服务能力，扩大团队影响。成立法律服务专家智库，根据法治社会需要共同开展服务，满足律师事务所、党政部门、司法实务部门及社会公众的多元法律需求。2023年9月12日，烟台市委副书记、政法委书记牟树青来鲁东大学盈科法学院开展调研活动，充分肯定了鲁东大学和全球最大的律师事务所合作共建法学院的创新做法及取得的成效，指出可以通过探索建立培训基地等方式开展法治服务。党的二十大以来，中央对政法干部教育培训非常重视，中共中央政法委员会、中共山东省委政法委员会相继组织了政法干部培训，中共烟台市委政法委员会也组织了干部培训。座谈会上，牟树春指出烟台市各政法部门要加强与盈科法学院的联系，探索建立政法干部培训基地，全面提升政法干部能力和素质。要加强校地合作，建立沟通协调机制，全面支持盈科法学院的发展，拓展校外实践基地，开展实践教学，帮助解决办学中遇到的难题。

  其次，在多个层面开展法治服务。"植入式"法学政产学研用协同育人机制强调通过开展法治服务，提高师生的实践能力和社会责任感，最终实现产教融合，具体而言，在司法服务、社会服务、涉外服务等方面开展法治服务：其一，开展司法服务。2023年9月中旬，为贯彻落实中共中央办公厅、国务院办公厅印发的《关于加强新时代法学教育和法学理论研究的意见》，山东省司法厅与鲁东大学签署全面战略合作协议。此举是深入贯彻落实习近平新时代中国特色社会主义思想特别是习近平法治思想的具体实践，是加快法学理论研究和高素质法治人

第八章 "植入式"法学政产学研用协同育人机制之具体举措

才培养的重要措施，是共同促进法学教育和法治建设深度融合、实现法治山东建设高质量发展的有力举措。双方一致认为，要充分发挥各自在人才、资源等方面的优势，在人才培养、科学研究、教育培训、教学实践、科研平台及智库建设等方面开展深入合作，为深化法学教育与实践相结合、理论研究与实务能力培养相融合作出更大贡献。双方表示，双方合作要走深走实，着力构建融合发展的协同育人模式，培养更多高质量复合型法治人才，为法治山东建设提供人才支撑。其二，开展社会服务。2022年2月24日，烟台市法学会行政法研究会成立大会召开，选举产生了第一届理事会，鲁东大学盈科法学院院长孙明当选为研究会第一届理事会会长。以此为平台，盈科法学院开展了一系列的行政法治服务工作。同时，作为盈科法学院重要的合作办学单位的盈科律师事务所已经开展了深入、专业的社会服务。盈科律师事务所总部设立全国业务指导委员会，设立盈科律师研究院、30个全国专业委员会、19个综合性法律中心；各分所共设有1000多个专业部门，业务覆盖通过不同专业、不同国家律师事务所之间的合作，专业指导委员会保障法律服务能力。盈科律师事务所，致力于搭建"全球一小时法律服务生态圈"，总部采取"直接投资、直接管理"的模式，截至2023年4月，在中国区已经拥有111家分所。"盈科全球法律服务网络"覆盖法国、德国、英国、意大利、瑞士、波兰、新加坡等95个国家的164座城市，其中包括美国、澳大利亚、德国、韩国等19个国家的直营分所。盈科律师事务所全球总部办公室可按需提供国内外教学科研岗位，承担鲁东大学法学专业学生实习、实践、社会调查等各项实践教学活动。成立20多年来，累计为超过60万家海内外企业提供高度满意的法律服务，是联合国南南合作全球智库网络联合创始机构、连续六年蝉联英国律师杂志亚太地区规模最大律师事务所、连续六年蝉联亚洲法律杂志亚洲规模最大律师事务所。其三,开展涉外法律服务。盈科律师事务所以国际化视野整合全球资源。其以国际化建设为目标,不断增进与外国律师事务所的交流和合作,在服务理念、服务标准、制度建设等方面与国际优秀律师事务所接轨,建立律师事务所之间的合作办案机制。引进和培养国际化的律师人才,增强律师事务所多种语言的法律服务能力,全面提升律师事务所的国际法律服务水平,为中外企业投资贸易搭建桥梁、提供服务,建设国际先进律师事务所,具有丰富的涉外法治人才培养资源。充分发挥"盈科全球法律服务网络"的优势,整合全球总部办公室和律师资源,满足客户在各个法律领域、全球的法律服务需求。该律师事务所不仅为客户解决法律问题,还为客户提供商业机会、促进客户合作,具有足够的涉外法治实务服务能力。

最后,从多个阶段入手开展法治服务。矛盾纠纷产生之后,司法机关和法律服务部门介入是应有之义,但"植入式"法学政产学研用协同育人机制更加强调在矛盾纠纷尚未完全出现之前,将纠纷化解在萌芽状态。2023年9月20日,烟台市法学会矛盾纠纷多元化解法治研究会成立大会暨多元解纷研讨会在鲁东大学盈科法学院召开。这一研究会的成立,是化解群众矛盾、维护社会稳定的迫切需要,也是加强新时代法学理论研究、服务法治实践的重要举措。该研究会强调提高政治站位,充分发挥资源优势、团队优势,着力破解矛盾纠纷多元化解中的难点、堵点问题,推动研究成果转化,为平安烟台、法治烟台建设作出更大贡献。与会专家学者围绕传承发扬新时代"枫桥经验"、推进中国特色一站式多元纠纷解决机制建设进行了交流探讨。盈科法学院将以此为契机,充分发挥法学和社会工作专业在多

第八章 "植入式"法学政产学研用协同育人机制之具体举措

元化解矛盾纠纷方面的作用,保持与各会员单位及专家的联系,积极探索在信访、诉前调解、化解基层矛盾领域的新路径、新模式,为服务基层治理和法治建设建言献策。

总之,鲁东大学与盈科律师事务所合作共建的鲁东大学盈科法学院是我国高校与全球化律师事务所为实现专业教育与职业教育融合的首次合作,是创新"植入式"法学政产学研用协同育人机制的重大成果,这一合作能够实现法学学科建设和法治人才培养的专业化、信息化和国际化,最终为山东省充分发挥法学学科优势,建设高水平学科和高水平大学,推动法学教育与法治实践紧密结合,形成产教融合,产学研一体化创新机制提供借鉴。

第九章
鲁东大学盈科法学院"植入式"法学政产学研用协同育人机制之实践成果

鲁东大学自1958年起举办高等教育,现已转型发展成为一所以文理工农为主体、多学科协调发展的综合性大学。该大学大力实施人才强校战略,学科实力不断增强,拥有13个山东省重点学科。该大学针对法学专业实践性强的特点,倡导以法律实践需求为导向,设计法学人才培养规章制度和具体流程;针对偏重理论教学的痼疾,提出应该充分了解社会需求,将重点放在如何提高学生的职业技能、工作能力,提高学生对社会需求的适应性,从而培养学生具有更强的执业本领和社会担当。鲁东大学对"植入式"法学政产学研用协同育人机制的深入探索给予了充分肯定和大力支持。

盈科律师事务所是一家全球化法律服务机构,国内外声誉卓著。其执行主任梅向荣先生勇于担当,践行习近平法治思想,参与法治人才培养,把优秀的行业资源用于法学人才培养,主动担当,实现职业化和专业化的结合,体现了很强的政治责任感,将"建设让党放心,让人民满意的律所"这一信念落到实处。多年来,鲁东大学与盈科律师事务所在理论研究、学生实训就业、律师与学生互动交流等方面开展了深入合作交流,取得了优势互补、资源共赢的良好效果。

第九章 鲁东大学盈科法学院"植入式"法学政产学研用协同育人机制之实践成果

在前期合作基础上,在"植入式"法学政产学研用协同育人教学改革理念的指引下,2020年12月1日,鲁东大学与盈科律师事务所签订合作协议,共同建设全新的鲁东大学盈科法学院,双方就学院运行机制创新、人才培养、科研建设、学科建设等达成十五年规划目标。这是学校第一个与行业合作办学的文科学院,也是全国第一个依托全球知名律师事务所建设运营的新型法学院,是科教、产教融合的崭新平台。

2021年3月下旬,鲁东大学盈科法学院成立理事会,负责重大决策,同时举办专家指导委员会特聘教授聘任仪式,并成立院务委员会这一执行机构和秘书处,与学院办公室合署办公。首批特聘教授共23位,不仅有中国社会科学院国际法研究所所长莫纪宏、中国政法大学法律硕士学院院长许身健、中国法学会法学教育研究会副会长、教育部高等学校法学学科教学指导委员会委员、吉林大学法学院教授房绍坤等在内的著名学者,更有盈科律师事务所创始合伙人、名誉主任、党委书记郝慧珍、国浩律师事务所创始合伙人李淳等在内的知名律师。各位专家和学者的加盟必将极大助力鲁东大学盈科法学院的产教融合,推动法学教育与法治实践紧密结合,最终有助于应用型、复合型、创新型高阶法治人才的培养。4月17日,鲁东大学盈科法学院揭牌仪式暨法学教育改革高端论坛在鲁东大学举行,标志着"植入式"法学政产学研用协同育人模式进一步得到实践。盈科法学院实行鲁东大学与盈科律师事务所共建,是全国第一个由全球知名律师事务所和高校共同建设的新型法学院,是践行习近平法治思想,积极创新社会主义法治人才培养机制,服务全面依法治国战略,助力国家治理体系和治理能力现代化建设的大胆探索。2021年5月27日,在北京正大中心盈科律师事务所总部隆重举行了鲁东大学盈科法学院北京教学科研基地揭牌仪式,鲁东大学盈科法学院北京教学科研基地成立。2021年7月24日,鲁东大学盈科法学院院长梅向荣在第二十五届全国高校法学院院长(系主任)联席会议上作主旨发言,强调学院着力构建产教融合的协同育人新机制,鲁东大学盈科法学院的做法得到了与会专家、学者的高度赞扬和肯定。中国社会科学院法学研究所所长莫纪宏致辞时提到,鲁东大学盈科法学院认真践行习近平法治思想,积极探索创新社会主义法治人才培养机制,形成法学教育与法律实务浑然一体的办学模式,从根本上、源头上、目标上塑造优秀法治工作者,服务全面依法治国战略,助力国家治理体系和治理能力现代化建设,为全面依法治国、加强法治人才培养提供了新思路,作出了新贡献。2022年,在第二十六届全国高校法学院院长(系主任)联席会议上,鲁东大学盈科法学院院长梅向荣就这一培养模式继而做了主旨发言,引发了广泛的反响。

鲁东大学盈科法学院成立三年多来,经过高校与律师事务所共同探索与密切合作,运行良好,成绩可喜。

(一)坚持党建引领,落实立德树人根本任务

盈科法学院坚持党建与业务同谋划、同部署、同推进、同考核、同落实,在学思践悟中不断探索推动党建与业务高质量发展的新理念、新思路、新举措、新动力,推进协同育人机制。学院坚持以人才培养为中心,围绕培养什么人、怎样培养人、为谁培养人这一根本问题,纵深推进法学专业建设,把立德树人作为根本任务。改善创新发展的"软环境",营造服务地方、服务社会的优良学风,鼓励原始创新;以加强党建工作为引领,凝聚全院师生智慧,优化学院发展环境。学院党委开展党建工作注重抓在日常、严在经常、实在平常,突出党建工作的"平常化",结合本学院的各项具体工作来开展,党建引领通过全面

第九章　鲁东大学盈科法学院"植入式"法学政产学研用协同育人机制之实践成果

介入、有机融合、高点引领，从而对学院的各项工作发挥有力的领导作用。通过科学利用引领艺术，实施全过程党建，达到党建与业务工作的高度融合，以确保"总揽全局、协调各方"职能目标的实现。盈科法学院邀请党的二十大代表、烟台市律师协会会长、法学2022级4班班主任杨希勇讲授开学第一课，对学生进行爱国主义教育。盈科法学院教工支部于2021年获得校级先进基层党组织和学校样板支部。2024年4月，教育部思想政治工作司正式公布了第四批新时代高校党建示范创建和质量创优工作遴选结果，鲁东大学盈科法学院学生第二党支部成功入选"全国党建工作样板支部"培育创建单位。盈科法学院学生第二党支部在学校党委和学院党委的正确领导下，将立德树人根本任务贯穿于支部党建工作的全过程，积极发挥支部战斗堡垒作用和党员的先锋模范作用，践行"为党育人、为国育才"初心使命，以身边事教育身边人。该党支部精心打造党建育人"三大载体"，推动学生党建工作重心下移，实现大学生思想政治工作横到边、纵到底、全覆盖和网格化。盈科法学院学生第二党支部曾入选首批山东高校党建工作样板支部，学生公寓党员工作站工作法被省委高校工委授予高校组织工作创新奖，并获"鲁东大学基层先进党组织""鲁东大学党建工作品牌特色创建培育项目"和"鲁东大学党建工作样板支部培育创建项目"等荣誉。该党支部的事迹成果先后被《光明日报》《中国教育报》、新华网、中国共产党新闻网等国家级媒体报道。

（二）深化与盈科律师事务所的合作，进一步创新产教融合协同育人机制

根据《深化新时代教育评价改革总体方案》，应当探索建立应用型本科评价标准，突出培养相应专业能力和实践应用能力。鲁东大学与盈科律师事务所共同设立理事会，对学院的发展规

划、人才培养、师资建设、资金筹集等重大事项进行决策。设立院务委员会，执行理事会决议，开展学院日常管理工作，院长、副院长由高校委任和律师事务所派员分别担任。设立专家指导委员会，首期聘请22名国内外知名法学专家、法律专家担任特聘教授，指导学院建设发展。2021年7月28日，盈科律师事务所一次性捐赠500万元用于盈科法学院发展，解决了办学急需的资金难题。总之，法学院通过开展"植入式"法学产学研协同育人机制创新与实践，并结合律师的实务经验，重点培养学生的国际视野、法律逻辑思维能力、数字化信息化办公能力、家国情怀等。通过探索和研究与盈科律师事务所合作办学体制架构、机制安排、制度设置以及实践运作，挖掘其对传统法学院办学机制、学科建设、师资队伍、人才培养方面的突破，并从价值理念、制度构造具体推进措施等维度探索实践样态。

首先，深化产教融合协同育人模式改革。与盈科律师事务所深度融合，将盈科律师事务所建设成为省级以上示范性教育实践基地。进一步深化实行"理论+实务"双导师制，由盈科大讲堂、法律技能训练、大律师计划构成职业性学习的"三阶段培养链"。强化与司法机关、涉外仲裁机构的合作，实施订单式、个性化培养。完善"理事会+院务委员会"管理体制机制，制定完善培养方案、构建课程体系、参与培养过程、评价培养质量，促进培养与需求对接、科研与教学融合，增强服务经济社会发展的能力。

其次，打造全方位实践育人新平台。充分利用盈科律师事务所全球法律服务网络所覆盖的97个国家167个国际城市的涉外资源与国内118家分所的实践资源，现已在北京、上海、深圳、成都、乌鲁木齐等城市建立5个功能集约、资源共享、运作高效的教学与科研基地，服务于以学生为中心的实践教学体

第九章　鲁东大学盈科法学院"植入式"法学政产学研用协同育人机制之实践成果

系，共同参与学生能力培养的质量过程监控管理。北京科研基地聘请 20 名具有丰富执业经验的律师为客座教授，为学生讲授法律实务课程，指导毕业生论文答辩、模拟法庭大赛、毕业生就业等，直接带领、指导大一、大二阶段学生，安排其到盈科律师事务所设在全国各地的分所学习，加强学生职业生涯规划和办案能力培养，开阔学生视野。实现理论教学与实践教学紧密结合，将司法实践引入课堂教学，大力提高人才培养水平。2024 年 1 月 15 日，鲁东大学盈科法学院在深圳广电金融中心举行深圳教学科研基地揭牌仪式暨客座教授聘任仪式。设立深圳教学科研基地是盈科法学院与盈科律师事务所努力实现合作共赢，推动协同育人行稳致远的重大实践。同时，为进一步建立与盈科律师事务所的人才沟通输送机制，贯彻"立德树人，德法兼修"的育人政策，2023 年 11 月 30 日，盈科全国英语演讲大赛东三片区决赛在盈科法学院模拟法庭成功举办，推进涉外法律人才培养工作。

最后，实施第二课堂课程化制度。按照学分制和课程化的理念，加强第二课堂活动课程化，鼓励研究生通过寒暑期社会实践、法律志愿服务、社会调查、宣传咨询等素质拓展活动，推动专业教育与社会服务紧密结合，培养学生认识社会、研究社会、服务社会的意识和能力。针对学生实务技能的不足，与实务部门共建培养平台，打造"七个共同"：共同制定人才培养方案；共同组织教学团队，遴选资深法官、检察官和律师担任兼职教师，主讲实务课程；共同进行课程建设；通过挂职、兼职方式，共同培养"双师型"教师；共同建设专业实习基地，指导专业实习；共同设立创新创业基金，开展创新创业活动；共同开展"审判进校园"等实务示范活动。推进竞赛育人体系建设，以"创青春"全国大学生创业大赛、中国国际"互联网

+"大学生创新创业大赛赛事为关键,以山东省高等学校模拟法庭大赛为重点,扩大竞赛学生有效覆盖面。在2023年11月5日举办的2023年"众成清泰"杯山东省高等学校大学生模拟法庭比赛中,鲁东大学代表队再次获得全省冠军、团队特等奖,鲁东大学也成为本项赛事首个蝉联冠军的学校。比赛评委由烟台市芝罘区人民法院法官担任,山东省共31支高校代表队参赛。近年来,尤其是鲁东大学与盈科律师事务所共建鲁东大学盈科法学院以来,学院与盈科律师事务所、烟台市人民检察院等深度合作,协同育人,将模拟法庭比赛融入学院日常教学、科研及实践活动之中,不断打造学院品牌与核心竞争优势,朝着建设一流法学院的目标努力奋斗。

为全面推进新时代法学教育改革发展,着力培养高素质法治人才,2023年11月4日至5日,由山东省法学会法学教育研究会主办、鲁东大学盈科法学院承办、盈科律师事务所协办的山东省法学会法学教育研究会2023年学术年会在鲁东大学成功举办。与会专家对盈科法学院的运行模式给予了充分肯定,围绕新文科背景下法学教育与法学课程建设和涉外法治人才培养与法律职业发展,并结合落实中共中央办公厅、国务院办公厅印发的《关于加强新时代法学教育和法学理论研究的意见》,进行了深入的交流研讨,对深化法学教育改革、加强法治人才培养达成了共识,本次学术年会对加快推进山东省法学教育教学改革与研究步伐、更好培养法治人才具有重要意义。

(三)创新教学改革,着力培养德才兼备的高素质法治人才

培养适应法治国家建设需要的,能够在国家机关、企事业单位,尤其是在公检法及仲裁、法律服务机构从事法律工作的复合型、应用型、创新型法律人才,是盈科法学院的法学人才培养目标。为适应新时代法治人才的新需求,应着重培养学生

第九章 鲁东大学盈科法学院"植入式"法学政产学研用协同育人机制之实践成果

能力。从律师视角看,要培养学生的法律逻辑思维能力、语言表达能力、团队协作能力、解决问题的能力、终身学习的能力、国际涉外能力、数字化办公能力、家国情怀能力等八种能力,为实现法治中国展现个人担当。基于此,在现有课程体系的基础上,吸纳盈科律师事务所优秀律师开设《律师实务》《盈科大讲堂》等融合性拓展课程,成为理论与实务协同创新的典范。盈科法学院拥有"齐鲁法治文化建设研究基地""山东省习近平法治思想研究基地鲁东大学盈科法学院课题组"等教学科研平台。学院在北京盈科律师事务所总部设立教学科研基地,聘请20名盈科律师事务所高级合伙人担任客座教授。聘请盈科山东46名资深律师担任实践教学导师,指导学生写作毕业论文、参加模拟法庭比赛、实习就业,讲授《律师实务》课程等。由盈科执业律师为法学专业学生讲授《律师实务》等课程,运用真实的案例讲解法律知识点,实现理论知识与实践教学融为一体。

近几年,盈科法学院教学成果显著。《青少年犯罪心理学》获评国家级一流课程、省级课程思政示范课程,《社会心理学》获批山东省一流本科课程,《社会工作行政》获批省级一流教材,《青少年社会工作》教学案例库建设获批山东省优秀案例库建设名单,《校所共建模式下法律人才培养全方位实践转向研究》获批山东省本科教学改革研究面上项目,盈科法学院主导的"鲁东大学三和德通律所实习基地"于2024年初获批山东省普通高等学校示范性实习(实训)基地,以学院改革实践为基础申报的《"植入式"法学产学研协同育人机制创新与实践》获得山东省高等教育研究重点课题立项,并获批一项省级教学改革课题。其中盈科法学院《习近平法治思想概论》课程的实践效果显著:其一,课堂教学效果好。学生上课积极思考和回答问题,在教师启发下能较有逻辑地回答问题;善于提出问题,能够参与讨论,积极发言,互相启发;课下积极完成教师布置的作业。其二,选课人数持续增加。《习近平法治思想概论》自2022年下半年在线课程运行至今,学银在线网和智慧树网的选课人数共计达 1022(835+187)人,选课学校共 80 多所,累计互动人数为 30 868(30 239+629)次。其三,跨学校、跨地域的合作效果较好。与江苏省警官学院的学生共同使用在线课程,后续教师布置线上作业,继续组织学生观看视频。

《习近平法治思想概论》课程的主要改革成果引人注目。其一,获评课程思政示范课程。2022 年 11 月,该课程被评选为鲁东大学课程思政示范课程。其二,研究报告获奖。研究报告《贯彻习近平法治思想 坚持用最严格制度、最严密法治筑牢黄河生态安全屏障》于 2023 年 3 月获得山东省高等学校课程思政研究中心颁发的山东省本科高校黄河重大国家战略课程思政优秀案例证书。其三,教学研究成果丰富。发表论文《为了人民 依靠人民 习近平法治思想的人民性及其在法治建设中的实现》于 2023 年 5 月 29 日的《烟台日报》第 5 版,提出习近平法治思想中的人民观是习近平总书记的原创性贡献以及在法治建设中的实现路径创新;发表论文《以人民为中心扎实推进地方法治建设》于 2023 年 6 月 19 日的《烟台日报》第 5 版,提出以习近平法治思想为指导、以人民为中心扎实推进地方法治建设的意义和方法等。其四,建成跨校、跨省"习近平法治思想概论虚拟教研室"。2022 年秋冬学期,正式与江苏警官学院合作,建成跨学校、跨地域的"习近平法治思想概论虚拟教研室"。其五,跨校、跨省"习近平法治思想概论虚拟教研室"联合开展教研活动。一方面,开展专题教研活动。开展了"混合式教学法+以虚拟教研室推动习近平法治思想进高校进课堂进头脑"为主题的教学、教研活动,互相交流交换备课成果、讲义和其他

第九章 鲁东大学盈科法学院"植入式"法学政产学研用协同育人机制之实践成果

课程资料,并在充分依法尊重对方著作权的基础上,在本校的教学中互相借鉴使用。另一方面,开展了具体的教研活动。与江苏警官学院合作,建立跨学校、跨地域的习近平法治思想概论虚拟教研室,采用跨学校、跨地域的 TBL(基于团队的教学方法),互相交流交换备课成果、讲义和其他课程资料,在充分依法尊重对方著作权的基础上,在本校的教学中互相借鉴使用。其六,《习近平法治思想概论》课程被选为山东省高等学校课程联盟上线课程,并在智慧树网上面向全国高校运行。在建成《习近平法治思想概论》在线开放课程,并在学银在线网上运行的基础上,《习近平法治思想概论》课程还被选为山东省高等学校课程联盟上线课程,并在智慧树网上面向全国高校运行。网址分别为学银在线网 https://www.xueyinonline.com/detail/228557473,智慧树网 http://t.g2s.cn/qEODEZN6(免登录评审链接)。其七,坚持"以学生为中心""理论联系实际"的线下课堂讨论模式。一是坚持"以学生为中心"的理念,在线下课堂上组织课堂讨论。以启发学生思考和学生研究型自主学习为主体,采用多媒体、小组讨论等手段和方式。学生自主学习后,进行课堂分享,同学讨论,教师点评。二是将实践教学融入理论内容,以法律实务中的典型案例为线索,使学生掌握如何将习近平法治思想的世界观和方法论运用到法律实践中。三是引导学生提高政治素质,重视德法兼修;注重锻炼运用习近平法治思想科学理论解决实际问题的能力;广泛阅读参考资料和推荐书目;课上积极思考,在教师启发下能较有逻辑地回答问题;课下积极完成教师布置的作业;善于提出问题,能够参与讨论,积极发言。

(四)科研成果取得突破性成就

近三年来,鲁东大学盈科法学院不断强化内涵发展,围绕学科建设持续加强教学科研工作，平台建设跃上新台阶，获得多项高层次成果，科研工作取得突破性成就。学院完成国家社科规划项目结项一项，省社科规划项目结项五项。新获批省部级以上科研立项七项，其中省社科规划一般项目一项，专项项目五项，省委统战部重点课题一项。出版著作 7 部，科研论文 20 余篇。科研成果获奖十余项，其中省委统战部调研宣传工作优秀成果一等奖一项，省法学优秀成果一等奖一项。在第十三届"挑战杯"山东省大学生创业计划竞赛中获省级金奖一项，在第二届"全国 MSW 研究生案例大赛"中获特等奖一项，获得省研究生优秀成果奖二等奖一项。盈科法学院于 2024 年初被山东省委依法治省办、山东省司法厅命名为"山东省法治文化建设示范基地"。

（五）拓展渠道，强化学生就业

盈科法学院高度重视创新创业教育，拓宽就业渠道，重视中外合作办学和校地校企合作办学，提高毕业生就业率。在已经成立的毕业生就业工作领导小组及就业工作办公室的基础上，一方面，增加相关课程，强化对学生进行就业指导。应用文是指日常生活和工作中经常使用的，为某种具体的实用目的而写的文体，是完成具体工作或办事的一种工具，与我们的日常生活和工作有密切的关系，是公务员考试和事业单位招考中的必备考点。经过调研发现，法学院本科生普遍存在不知如何着手写作应用文的情况，所以，培养方案修改增加选修课《法律文书写作》。另一方面，进一步更高频次地邀请优秀校友及检察院、法院、律师事务所等实务部门开展就业指导讲座。负责领导赴济南、日照和烟台等地走访用人单位，了解学生就业状况和就业形势，掌握第一手材料，有针对性地进行学生就业指导。以"四类考试"为抓手，推动毕业生高质量就业，进一步开展校园招聘和就业指导服务。

第九章 鲁东大学盈科法学院"植入式"法学政产学研用协同育人机制之实践成果

(六) 主动服务国家和地方发展战略

发挥专家智库和科研高地优势,积极建言献策,主动服务国家和地方发展战略。持续发挥烟台市人民代表大会常务委员会立法基地、齐鲁法治文化建设基地等多个省市级研究服务平台的作用,进一步参与烟台市人民代表大会常务委员会组织的法规专项审查工作,参与烟台市政府规章、规范性文件备案工作审查等诸多工作。针对个人破产制度提出的立法意见得到全国人民代表大会财政经济委员会回复;提交的关于制定《中华人民共和国家庭事业促进法》的建议被中国民主促进会中央委员会官网全文报道。参与烟台市人民代表大会常务委员会组织的法规专项审查工作十三部,参与烟台市政府规章、规范性文件备案工作审查二十余部。教师积极参与国家《中华人民共和国民法典》《中华人民共和国传染病防治法》《中华人民共和国农村集体经济组织法》等法律的制定,针对《烟台市文明促进条例》等地方立法进行实地调研论证及立法后评估,取得显著成效,受到国家各级立法部门的高度赞扬。盈科法学院充分发挥法学专业和社会工作专业的智力优势和专业特长,联合律师事务所、社工组织、政府部门等优势资源,建立"1+N"法律合作共建机制,创新化解疑难信访案件新路径,为推进烟台市信访工作制度改革和信访法治化建设提供有力的智力保障。积极参与地方志愿服务活动,"墨脱扶贫,青春之行"志愿服务队深入国家级扶贫工作重点县西藏墨脱县开展扶贫,累计服务群众达 3126 人次,荣获"山东省共青团和青年工作先进集体"荣誉称号,志愿服务活动先后被《中国青年报》、中央广播电视台等媒体报道。

另外,加强实务部门合作,提升社会服务能力。针对司法工作需求,积极发挥专家智库的作用。2023 年 9 月 18 日至 9

22日,盐城市司法局、盐城市律师协会在鲁东大学盈科法学院举行"盐城市2023年度公职律师培训班"。来自盐城市各区县、各部门的50名公职律师参加了本次培训,有利于加强公职律师队伍建设,提高公职律师的综合素养与专业技能,促进依法行政、依法执政。

综上所述,近几年的教学、科研及服务社会等实践表明,盈科法学院在已成立的理事会和专家指导委员会的领导下,探索法学专业人才专业化和职业化培养相结合,实现政产学研用融合的崭新实践,这是学校第一个与行业合作办学的文科学院,也是全国第一个依托全球知名律师事务所建设运营的新型法学院,是高阶法学专业人才培养的有益尝试。这一模式是践行习近平法治思想的具体举措,体现了习近平总书记2017年5月3日在中国政法大学考察时强调的"要打破高校和社会之间的体制壁垒,将实际工作部门的优质实践教学资源引进高校"的精神,加强校企、校地、校所合作,发挥政府、法院、检察院、律师事务所、企业等在法治人才培养中的积极作用,适应了新时代法治人才培养的迫切需要。该模式既能充分发挥学校人才培养、法学研究、服务地方的功能,又引入现代行业理念,实现理事会决策、院务委员会执行、发展顾问委员会咨询、秘书处具体联络和协调的高效运转机制,实现法学学科建设和法治人才培养的国际化、信息化、专业化。今后,法学院将以现有条件为基础,拓宽渠道,深化与盈科律师事务所的合作,不断提升办学能力,不断开拓"植入式"法学政产学研用协同育人机制的新思路,强化党的领导和法学学科建设以及法律人才培养的国际化视角和信息化素养,随着新资源的引入及产教融合新机制的运用,鲁东大学盈科法学院的成绩定然可期,为产教融合、产学研一体化创新机制提供借鉴。

参考文献

一、中文著作、译著

1. 程立显:《伦理学与社会公正》,北京大学出版社 2002 年版。
2. 洪浩:《法治理想与精英教育:中外法学教育制度比较研究》,北京大学出版社 2005 年版。
3. 任长松:《探究式学习——学生知识的自主建构》,教育科学出版社 2005 年版。
4. 《习近平谈治国理政》(第 3 卷),外文出版社 2020 年版。
5. 中共中央文献研究室编:《习近平关于全面依法治国论述摘编》,中央文献出版社 2015 年版。
6. 《习近平法治思想概论》编写组:《习近平法治思想概论》,高等教育出版社 2021 年版。
7. 夏利民、李思慈主编:《法学教育论》,中国人民公安大学出版社 2006 年版。
8. 杨欣欣主编:《法学教育与诊所式教学方法》,法律出版社 2002 年版。
9. 曾宪义、张文显编:《中国法学专业教育教学改革与发展战略研究》,高等教育出版社 2002 年版。
10. 王天一:《人工智能革命:历史、当下与未来》,北京时代华文书局 2017 年版。
11. 中共中央宣传部:《习近平新时代中国特色社会主义思想三十讲》,学习出版社 2018 年版。
12. 《中国教育年鉴》编辑部编:《中国教育年鉴(1949—1981)》,中国大百科全书出版社 1984 年版。

13. [美] E. 博登海默：《法理学：法律哲学与法律方法》（修订版），邓正来译，中国政法大学出版社 2004 年版。

14. [英] 维克托·迈尔-舍恩伯格、肯尼思·库克耶：《大数据时代：生活、工作与思维的大变革》，盛杨燕、周涛译，浙江人民出版社 2013 年版。

15. [英] 乔治·扎卡达基斯：《人类的终极命运：从旧石器时代到人工智能的未来》，陈朝译，中信出版集团 2017 年版。

二、期刊论文

1. 曹锦秋、郭金良：《高等学校法学实践教育创新研究——从实训课程与模拟法庭的关系视角切入》，载《辽宁大学学报（哲学社会科学版）》2018 年第 4 期。

2. 陈兵、程前：《Web2.0 时代高校法学实践教学数据库建设新探索》，载《中国法学教育研究》2014 年第 4 期。

3. 陈京春：《论法学实践教学与现代信息技术的深度融合》，载《法学教育研究》2019 年第 2 期。

4. 陈永强、朱一飞、吕璐：《新文科背景下高校知识产权人才培养模式的实践与创新——以中国计量大学为例》，载《南宁师范大学学报（哲学社会科学版）》2022 年第 1 期。

5. 陈治：《法学虚拟教学平台建设的模式、效应与展望》，载《法学教育研究》2017 年第 3 期。

6. 陈振华：《教学评价中存在的问题及反思》，载《教育发展研究》2009 年第 18 期。

7. 程桂龙：《大数据时代高等教育信息化的困境与选择》，载《湖北成人教育学院学报》2015 年第 4 期。

8. 崔玉明、贾敬鸿：《医事法学专业特色的形成路径探讨》，载《中国煤炭工业医学杂志》2010 年第 5 期。

9. 段忠桥：《历史唯物主义与马克思的正义观念》，载《哲学研究》2015

年第 7 期。
10. 窦衍瑞、王岩云：《习近平法治思想指引下的新法学建设》，载《法学教育研究》2022 年第 2 期。
11. 邓恒、周小祺：《高校知识产权人才培养模式的反思与重构》，载《中国高校科技》2020 年第 6 期。
12. 房绍坤：《我国法学实践教学存在的问题及对策》，载《人民法治》2018 年第 16 期。
13. 冯玉军：《论国外法学教育改革的经验与借鉴》，载《中国大学教学》2013 年第 6 期。
14. 黄彤：《实践型法科教育视野下之案例教学再思》，载《中国法学教育研究》2012 年第 1 期。
15. 黄汇、石超然：《知识产权复合型人才培养实践教学创新研究——以西南政法大学为例》，载《工业和信息化教育》2018 年第 2 期。
16. 黄启兵、田晓明：《"新文科"的来源、特性及建设路径》，载《苏州大学学报（教育科学版）》2020 年第 2 期。
17. 黄文艺：《论习近平法治思想中的法治工作队伍建设理论》，载《法学》2021 年第 3 期。
18. 黄维：《法学本科实践教学创新模式及其改革策略》，载《湖北开放职业学院学报》2021 年第 19 期。
19. 黄维娜：《独立学院法学专业校企合作课程质量评价标准的构建》，载《教书育人（高教论坛）》2020 年第 36 期。
21. 霍增辉、胡超宏：《论卫生法教学中的案例教学法》，载《中国医疗前沿》2011 年第 13 期。
21. 高晋康：《从法律诊所到法律医院：法学实践教学模式的重构——基于西南财经大学实践性教学改革的探索》，载《中国法学教育研究》2017 年第 3 期。
22. 侯大为、杨江帆：《大数据时代对大学教育创新的影响研究》，载《科教文汇（上旬刊）》2014 年第 34 期。
23. 李逢超、孙维君：《高校学分制改革中存在的问题及其对策》，载《山东理工大学学报（社会科学版）》2003年第6期。

24. 李进平：《地方高校法学专业实践教学体系创新研究》，载《南昌师范学院学报》2017年第6期。

25. 李微：《高校法学专业实践教学模式改革与探索》，载《中国校外教育》2018年第9期。

26. 林驰：《独立学院法学专业校企合作办学质量评价体系的配套建立》，载《湖北开放职业学院学报》2020年第16期。

27. 刘雪：《独立学院法学专业校企合作办学与就业工作联动开展机制的研究》，载《法制与社会》2019年第12期。

28. 刘坤轮：《〈新文科建设宣言〉语境中的新法科建设》，载《新文科教育研究》2021年第2期。

29. 刘晓霞：《法学专业"双师型"教学队伍建设的现状分析与路径探索》，载《湖北函授大学学报》2014年第21期。

30. 刘亮：《卫生法学专业教学亟需实现五个蜕变》，载《西北医学教育》2011年第5期。

31. 吕涛：《生态法治人才培养研究——以山东政法学院法学本科环境法人才培养为视角》，载《法学教育研究》2018年第4期。

32. 吕秋香：《互动式案例教学在卫生法学课中的应用》，载《新乡医学院学报》2007年第3期。

33. 罗艳梅、王丹：《产教融合背景下经济管理类专业多层次校企合作模式探索研究》，载《黑龙江教育（理论与实践）》2022年第2期。

34. 楼伯坤：《卓越法律人才教育培养基地的教学管理模式探讨——以浙江工商大学为例》，载《中国法学教育研究》2014年第1期。

35. 马长山：《数字法学的理论表达》，载《中国法学》2022年第3期。

36. 孟磊：《我国复合型卓越法治人才培养探究》，载《中国高教研究》2021年第11期。

37. 孟庆瑜、李汶卓：《政产学研协同育人模式下我国立法人才培养的问题审思与机制创新》，载《河北法学》2022年第10期。

38. 莫洪宪：《临床法学教育与法学人才培养——平等式对话教学方式的魅

力》，载《法学评论》2002 年第 1 期。

39. 潘溪：《培养应用型人才：法学实践教学的现状与创新》，载《中国法学教育研究》2018 年第 2 期。

40. 石悦：《学业能力与就业能力：医事法学专业本科生的培养目标》，载《中国高等医学教育》2010 年第 10 期。

41. 唐衍军、蒋翠珍：《跨界融合：新时代新文科人才培养的新进路》，载《当代教育科学》2020 年第 2 期。

42. 田金花：《高校法学实践教学创新研究》，载《佳木斯大学社会科学学报》2014 年第 2 期。

43. 田文昌：《大学法学教育改革思考》，载《法学教育研究》2015 年第 1 期。

44. 王天夫：《数字时代的社会变迁与社会研究》，载《中国社会科学》2021 年第 12 期。

45. 王星、李静：《卓越法律人才培养计划下的高校法学教育改革》，载《山西高等学校社会科学学报》2014 年第 6 期。

46. 王建伟、马金福：《新文科内涵、建设路径和实施策略——以北方民族大学为例》，载《北方民族大学学报》2022 年第 2 期。

47. 王元卓、靳小龙、程学旗：《网络大数据：现状与展望》，载《计算机学报》2013 年第 6 期。

48. 王学俭、石岩：《新时代课程思政的内涵、特点、难点及应对策略》，载《新疆师范大学学报（哲学社会科学版）》2020 年第 2 期。

49. 吴岩：《积势蓄势谋势　识变应变求变》，载《中国高等教育》2021 年第 1 期。

50. 谢伟：《新文科背景下中国式法学本科教育改革路径探析》，载《广西社会科学》2023 年第 8 期。

51. 徐明：《独立学院法学教育更应重视实践教学》，载《教师教育论坛》2014 年第 1 期。

52. 徐显明：《新文科与新法学》，载《新文科理论与实践》2022 年第 1 期。

53. 杨军：《法学教育中实施案例教学法的误区及完善》，载《黑龙江省政法管理干部学院学报》2007年第1期。

54. 杨现民、唐斯斯、李冀红：《发展教育大数据：内涵、价值和挑战》，载《现代远程教育研究》2016年第1期。

55. 杨宗科：《论新时代全面依法治国背景下政法高校的使命担当》，载《法学教育研究》2018年第4期。

56. 杨宗科：《习近平德法兼修高素质法治人才培养思想的科学内涵》，载《法学》2021年第1期。

57. 叶青：《统筹国内法治和涉外法治 坚持全要素法治人才培养》，载《新文科教育研究》2021年第1期。

58. 叶青、王晓骊、寿新宝：《以书院制为依托的新法科建设探索——新文科视野下的卓越法治人才培养》，载《新文科教育研究》2022年第1期。

59. 易继明：《中国法学教育的三次转型》，载《环球法律评论》2011年第3期。

60. 余妙宏：《"产教融合"在地方高校应用型法学专业人才培养中的探索》，载《浙江万里学院学报》2019年第5期。

61. 于熠：《"三段六步"法学实践教学法的应用》，载《法学教育研究》2020年第2期。

62. 章晓明、蒋后强：《法学实践教学现状、问题与改革》，载《法学教育研究》2015年第1期。

63. 钟坤凡：《论法学实践教学与学分制》，载《中国法学教育研究》2007年第2期。

64. 朱玉成、周海涛：《研究生教育供给侧结构性改革透视：内涵、问题与对策》，载《学位与研究生教育》2018年第3期。

65. 周杰：《大数据时代思维方式对高校专业建设的冲击及启示》，载《人才资源管理》2015年第8期。

66. 赵永、周成双、张维帅：《案例教学法在卫生法学专业法医学教学中的应用》，载《黑龙江教育学院学报》2011年第3期。

67. 赵大程：《坚持以科学发展观为指导 为全面落实依法治国基本方略培

养合格法律人才》，载《中国司法》2010 年第 7 期。

68. 张文显：《坚持以人民为中心的根本立场》，载《法制与社会发展》2021 年第 3 期。

69. 赵诚：《2015 年教育信息化新趋势——美国年轻人对教育信息化的探索》，载《中国教育信息化》2015 年第 3 期。

70. 赵忠奎：《创新型法律人才培养模式的反思与完善——以法学实践教学之不足为视角》，载《经济法论坛》2017 年第 2 期。

71. 周佑勇：《高等法学教育如何实现内涵式发展》，载《北京航空航天大学学报（社会科学版）》2018 年第 2 期。

72. 周叶中：《新时代中国法学教育的问题与使命》，载《人民法治》2018 年第 16 期。

73. 郑家成：《高校课堂教学评价标准研究》，河海大学 2004 年硕士学位论文。

74. 杨子巍：《论法学教育与市场需求》，广东外语外贸大学 2018 年硕士学位论文。

三、报纸

1. 张志、王慧、吴成良：《大数据：价值何在》载《人民日报》2013 年 6 月 18 日。

2. 《大数据正对教育行业带来革新》，载《南方都市报》2013 年 4 月 26 日。

3. 《江苏高院发布民事审判工作蓝皮书关注民生》，载《法制日报》2011 年 3 月 10 日。

4. 《习近平主持召开中央全面深化改革委员会第二十三次会议强调加快建设全国统一大市场提高政府监管效能　深入推进世界一流大学和一流学科建设李克强王冲宁韩正出席》，载《人民日报》2021 年 12 月 18 日。

5. 《习近平在中共中央政治局第三十五次集体学习时强调 坚定不移走中国特色社会主义法治道路　更好推进中国特色社会主义法治体系建设》，载《人民日报》2021 年 12 月 8 日。

6. 刘晓红：《以习近平法治思想为引领加强涉外法治人才培养》，载《法治日报》2021年1月20日。
7. 徐飞：《新文科建设："新"从何来，通往何方》，载《光明日报》2021年3月20日。
8. 杨晚香：《构建实践性法学教学模式》，载《中国教育报》2007年8月17日。
9. 杨继文：《证据法学研究进入电子证据新时代》，载《检察日报》2018年2月6日。